Rund um materialgestütztes Schreiben

Kopiervorlagen für den Deutschunterricht

Erarbeitet von
Christel Ellerich, Lilli Gebhard
und Christian Rühle

Redaktion: Dirk Held, Ottobrunn

Illustration: Henriette von Bodecker, Berlin; Nils Fliegner, Hamburg
Umschlagfoto: Fotolia, Judith Dzierzawa
Umschlaggestaltung: Ungermeyer, Berlin
Technische Umsetzung: FKW, Berlin

www.cornelsen.de

Die Webseiten Dritter, deren Internetseiten in diesem Lehrwerk angegeben sind,
wurden vor Drucklegung sorgfältig geprüft. Der Verlag übernimmt keine Gewähr für
die Aktualität und den Inhalt dieser Seiten oder solcher, die mit ihnen verlinkt sind.

1. Auflage, 2. Druck 2022

Alle Drucke dieser Auflage sind inhaltlich unverändert und können im Unterricht
nebeneinander verwendet werden.

© 2017 Cornelsen Verlag GmbH, Berlin

Das Werk und seine Teile sind urheberrechtlich geschützt.
Jede Nutzung in anderen als den gesetzlich zugelassenen Fällen bedarf der
vorherigen schriftlichen Einwilligung des Verlages.
Hinweis zu §§ 60 a, 60 b UrhG: Weder das Werk noch seine Teile dürfen ohne eine
solche Einwilligung an Schulen oder in Unterrichts- und Lehrmedien (§ 60 b Abs. 3 UrhG)
vervielfältigt, insbesondere kopiert oder eingescannt, verbreitet oder in ein Netzwerk
eingestellt oder sonst öffentlich zugänglich gemacht oder wiedergegeben werden.
Dies gilt auch für Intranets von Schulen.

Druck: H. Heenemann, Berlin

ISBN 978-3-06-200120-8

PEFC zertifiziert
Dieses Produkt stammt aus nachhaltig
bewirtschafteten Wäldern und kontrollierten
Quellen.
PEFC
www.pefc.de
PEFC/04-31-1156

Inhaltsverzeichnis

Geeignet für Klasse	Arbeitsblätter	Lerninhalte

Schritt für Schritt materialgestützt schreiben

Aufgabenstellungen verstehen

Materialien lesen, verstehen und in Beziehung setzen

Den eigenen Text planen und schreiben

Inhaltsverzeichnis

Arbeitsschritte, Textsorten und Methoden im Überblick

Schreibtraining

Materialgestützt informierende Texte verfassen
(Aufgabenstellungen verstehen; Vorwissen aktivieren; Materialien gezielt lesen, analysieren und in Beziehung setzen; einen Schreibplan erstellen; den Text schreiben; den Text überarbeiten)

Materialgestützt argumentierende Texte verfassen
(Aufgabenstellungen verstehen; Vorwissen aktivieren; Materialien gezielt lesen, analysieren und in Beziehung setzen; einen Schreibplan erstellen; den Text schreiben; den Text überarbeiten)

Tabellarische Übersicht zum Schreibtraining

	geforderte Textsorte	Materialien		
		Sachtexte	Diagramme, Karten, Tabellen	Karikaturen
Themen der informierenden Texte				
Der Feldhamster – Ein bedrohtes Tier	informierender Brief (an einen Brieffreund)	•	•	
Berufe der Zukunft – Bioniker	kurzer Vortrag (für Mitschülerinnen und Mitschüler im Rahmen des Schulprojekts „Berufe der Zukunft")	•		
Ethischer Konsum – Es kommt auf dich an!	Eröffnungsvortrag (für Gleichaltrige und deren Eltern im Rahmen der Aktionswoche „Es kommt auf dich an!")	•	•	
Themen der argumentierenden Texte				
Gibt es das auch offline? Im Internet oder im Laden kaufen?	Erörterung (als Entscheidungshilfe auf der Jugendseite der Lokalzeitung)	•	•	•
Fußball gucken? – Ja bitte! / Nein danke!	Erörterung (für die Schülerzeitung)	•	•	•
Wann soll die Schule beginnen?	Rede (vor der Vollversammlung der Klassensprecherinnen und Klassensprecher)	•	•	
Veganismus – Ja oder Nein?	Kommentar (für die Schülerzeitung)		•	•

Vorwort und methodische Hinweise

Das Heft **Rund um materialgestütztes Schreiben** ist so konzipiert, dass die Schülerinnen und Schüler sich die umfassenden Teilaufgaben beim materialgestützten Schreiben schrittweise selbstständig erarbeiten können.

Der erste Teil des Heftes „**Schritt für Schritt materialgestützt schreiben**" orientiert sich in Aufbau und Inhalt am Arbeitsprozess beim materialgestützten Schreiben. Die Teileinheiten „**Aufgabenstellung verstehen**", „**Materialien lesen, verstehen und in Beziehung setzen**" und „**Den eigenen Text planen und schreiben**" bieten Kopiervorlagen zu jedem einzelnen Arbeitsschritt: von der Lektüre der Aufgabenstellung bis zur Überarbeitung des eigenen Textes. Die einzelnen Kopiervorlagen sind unabhängig voneinander einsetzbar. Es können aber auch kleine Unterrichtseinheiten zusammengestellt werden, z.B. zum Umgang mit Diagrammen oder zum Argumentationstraining.

Die Teileinheit „**Arbeitsschritte, Textsorten und Methoden im Überblick**" am Ende des ersten Heftteils bietet wichtige Übersichten, die von den Schülerinnen und Schülern zum Nachbereiten des bisher Erlernten, zum Nachschlagen oder als Lösungshilfe genutzt werden können. Es empfiehlt sich daher, diese Seiten so abzulegen, dass sie jederzeit greifbar sind.

Das „**Schreibtraining**" im zweiten Heftteil gliedert sich in die Einheiten „**Materialgestützt informierende Texte verfassen**" und „**Materialgestützt argumentierende Texte verfassen**". In beiden Einheiten üben die Schülerinnen und Schüler das Schreiben materialgestützter Texte anhand von konkreten und motivierenden Aufgabenstellungen. Das Material ist abwechslungsreich, aktuell und so ausgewählt, dass sich die Materialien in sinnvoller Weise ergänzen, überschneiden oder widersprechen. Berücksichtigt wurden sowohl kontinuierliche Sachtexte als auch Diagramme und Karikaturen.

Die **Matrix** auf Seite 5 gibt einen Überblick über Themen, Art der Materialien und über die (gemäß Aufgabenstellung) zu schreibende Textsorte. Jede angebotene Materialsammlung kann aber, wenn die Aufgabenstellung entsprechend angepasst wird, auch zum Schreiben einer anderen Textsorte genutzt werden. So können z.B. die Materialien zum Schreiben einer Rede auch als Grundlage für eine Erörterung oder einen Kommentar dienen. Die Materialien im Bereich „argumentierende Texte" eignen sich mit veränderter Aufgabenstellung aber auch zum Schreiben informierender Texte.

Operatoren – Memory oder Quiz?

Die typischen Verben in Aufgabenstellungen – „Beschreibe ...", „Erörtere ...", „Stelle ... dar" – sind besonders wichtig, weil sie ganz genau festlegen, was du in deinen Texten leisten sollst. Die folgenden Spiele sollen dir helfen, dir einige dieser Aufforderungsverben (= Operatoren) zusammen mit ihrer Bedeutung einzuprägen.

Aufgaben

1. Spielt das Operatoren-Memory. Geht so vor:
   - Lest zuerst die Kärtchen durch und klärt offene Fragen.
   - Schneidet die Kärtchen aus.
   - Gestaltet die Rückseiten eures Operatoren-Memorys.
   - Legt die Kärtchen mit der Rückseite nach oben auf einen Tisch und mischt sie.
   - Abwechselnd deckt nun jeder Spieler zwei Kärtchen auf. Findet er ein Paar, ist er noch einmal an der Reihe. Gewinner ist der Spieler mit den meisten Paaren.

2. Spielt ein Operatoren-Quiz mit Moderator und Kandidaten. Wer sich zuerst meldet und einen Operator richtig erklären kann, erhält die Erklär-Karte. Der Kandidat mit den meisten Kärtchen gewinnt.

1. nennen	2. beschreiben	3. darstellen, wiedergeben
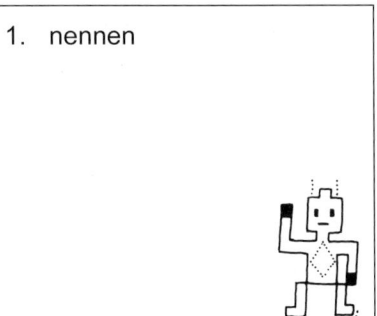	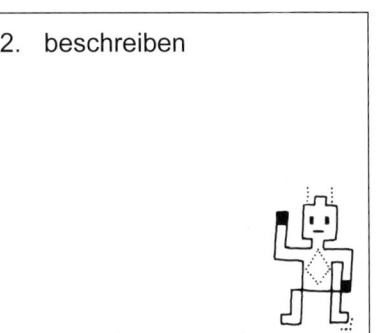	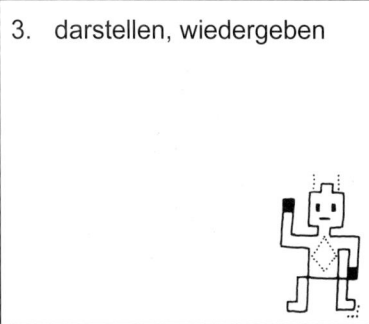

nennen: Informationen/Inhalte ohne weitere Erläuterungen aufzählen; Informationen zusammentragen, ohne diese zu bewerten	**beschreiben:** Personen, Gegenstände, Vorgänge genau und sachlich darstellen	**darstellen/wiedergeben:** Zusammenhänge, Probleme, Inhalte unter einer bestimmten Fragestellung ausführen
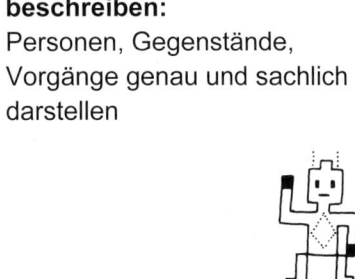	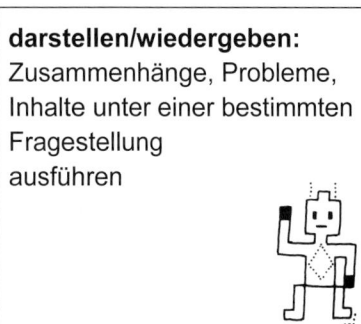	

© 2017 Cornelsen Verlag GmbH, Berlin. Alle Rechte vorbehalten.

Die Vervielfältigung dieser Seite ist für den eigenen Unterrichtsgebrauch gestattet. Für inhaltliche Veränderungen durch Dritte übernimmt der Verlag keine Verantwortung.

Illustration: Henriette von Bodecker, Berlin

Fortsetzung auf Seite 8

4. zusammenfassen	5. untersuchen, analysieren	6. begründen

zusammenfassen:
Inhalte, Zusammenhänge, Texte kurz und in einer sinnvollen Reihenfolge mit eigenen Worten darlegen

untersuchen/analysieren:
Merkmale eines Textes oder Zusammenhanges mit Blick auf die Aufgabenstellung erschließen und zusammenhängend darstellen

begründen:
einen Sachverhalt, ein Ergebnis, eine Aussage oder auch die eigene Meinung mit Argumenten belegen

7. charakterisieren	8. einordnen, zuordnen, in Beziehung setzen	9. erläutern, erklären

charakterisieren:
z. B. Figuren aus einem literarischen Text treffend beschreiben und dabei auch auf ihre Rolle für die Geschichte eingehen

einordnen/zuordnen/ in Beziehung setzen:
Sachverhalte, Inhalte, Aussagen begründet in einen Zusammenhang stellen und auch auf eigenes Wissen zurückgreifen

erläutern/erklären:
Inhalte von Materialien, Sachverhalten oder Thesen (= Behauptungen) verdeutlichen

10. erschließen, herausarbeiten	11. vergleichen, gegenüberstellen	12. beurteilen

© 2017 Cornelsen Verlag GmbH, Berlin. Alle Rechte vorbehalten.

Die Vervielfältigung dieser Seite ist für den eigenen Unterrichtsgebrauch gestattet. Für inhaltliche Veränderungen durch Dritte übernimmt der Verlag keine Verantwortung.

Illustration:
Henriette von Bodecker, Berlin

Fortsetzung auf Seite 9

erschließen/herausarbeiten:
aus Texten/Materialien bestimmte Sachverhalte und Inhalte herleiten, die nicht ganz ausdrücklich im Text stehen

vergleichen/ gegenüberstellen:
nach vorgegebenen oder selbst gewählten Gesichtspunkten Ähnlichkeiten und Unterschiede ermitteln und darstellen

beurteilen:
zu einem Sachverhalt oder einer Aussage gut begründet Stellung nehmen; den Sachverhalt einschätzen

13. bewerten

14. kritisch Stellung nehmen

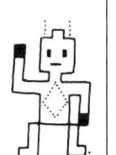

15. diskutieren, sich auseinandersetzen mit

bewerten:
einen Sachverhalt beurteilen und zusätzlich erklären, warum man den Sachverhalt so beurteilt

kritisch Stellung nehmen:
zu einzelnen Meinungen, Textaussagen, Problemstellungen eine gut begründete eigene Meinung vertreten

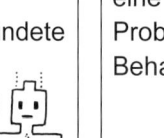

diskutieren / sich auseinandersetzen mit:
eine Argumentation zu einer Problemstellung oder einer Behauptung entwickeln

16. prüfen, überprüfen

17. erörtern

prüfen/überprüfen:
z. B. eine Textaussage oder die Darstellung eines Sachverhaltes auf ihre Richtigkeit hin untersuchen

erörtern:
eigene Gedanken zu einer Problemstellung entfalten und unter Abwägung verschiedener Standpunkte zu einem Urteil gelangen

© 2017 Cornelsen Verlag GmbH, Berlin.
Alle Rechte vorbehalten.

Die Vervielfältigung dieser Seite ist für den eigenen Unterrichtsgebrauch gestattet.
Für inhaltliche Veränderungen durch Dritte übernimmt der Verlag keine Verantwortung.

Illustration:
Henriette von Bodecker, Berlin

Informierend schreiben –
Die Aufgabenstellung untersuchen

Aufgaben

1. Lies die folgende Aufgabenstellung genau.

> Bei der Projektwoche „Essen und Trinken weltweit" konzentriert sich deine Arbeitsgruppe auf das Thema „Trinkwasserverbrauch in Deutschland". Du sollst nun auf der Basis der folgenden Materialien einen Beitrag für die Projektzeitung verfassen, der über verschiedene Aspekte des Themas informiert. Die Projektzeitung soll beim nächsten Schulfest an Schüler und Erwachsene verkauft werden.

2. Untersuche die Aufgabenstellung.
   a) Kreuze an, welche der folgenden Aussagen zutreffen. Lies dafür jedes Mal die Aufgabenstellung ganz genau und unterstreiche die jeweiligen Textstellen.
      Tipp: Es können auch mehrere Aussagen richtig sein.

   Ich soll einen Text verfassen für …
   ☐ Schüler   ☐ Eltern   ☐ Lehrer   / _____

   In meinem Text geht es um Deutschland und
   ☐ sein Wasser   ☐ sein Trinkwasser   ☐ seinen Trinkwasserkonsum   / _____

   In meinem Text …
   ☐ stelle ich nüchtern Informationen und Fakten zusammen
   ☐ erzähle ich anschaulich von verantwortungslosem Wasserverbrauch   / _____

   Mein Text sollte …
   ☐ nur Zahlen zum Trinkwasserverbrauch enthalten
   ☐ vielfältig darüber informieren, wofür und wie viel Trinkwasser genutzt wird
   ☐ auch etwas zum Trinkwasserverbrauch weltweit enthalten   / _____

3. Ordne die folgenden Begriffe deinen Antworten aus Aufgabe 2 zu. Schreibe auf die Linien rechts.

   Thema • Inhalt • Adressat • Sachtext

4. Wie liest man eine Aufgabenstellung genau? Fertige selbst eine kurze Checkliste an.

   Checkliste:

   1. _____

   2. _____

   3. _____

   4. _____

   5. _____

© 2017 Cornelsen Verlag GmbH, Berlin.
Alle Rechte vorbehalten.

Die Vervielfältigung dieser Seite ist für den eigenen Unterrichtsgebrauch gestattet.
Für inhaltliche Veränderungen durch Dritte übernimmt der Verlag keine Verantwortung.

Informierend schreiben – Aufgabenstellung und Materialien

Auf dieser Seite kannst du exemplarisch üben, wie man eine Aufgabenstellung untersucht und die dazugehörigen Materialien nutzt.

Aufgaben

1. Lies die folgende Aufgabenstellung und betrachte die drei Materialien.

> Während eines Einkaufs im Supermarkt in der Lortzingstraße wurde dein Fahrrad gestohlen. Die Versicherung möchte nun, dass du einen Bericht verfasst, in dem du Angaben dazu machst, wann und wo der Diebstahl passiert ist. Außerdem sollst du dein Fahrrad genau beschreiben. Nutze dazu die Bilder und die Informationen.

Angaben zum Fahrrad:

- Rennrad
- 24 Gänge
- rot

Material 1   Material 2   Material 3

2. Untersuche die Aufgabenstellung.
   a) Markiere grün, welche Textsorte von dir verlangt wird.
   b) Markiere rot, für wen (für welchen Leser oder Adressaten) du deinen Text schreibst.
   c) Markiere die Schlüsselwörter gelb, die dir Hinweise auf den Inhalt deines Textes geben.

3. Mache dir klar, für welche Inhalte du die Materialien nutzen kannst, indem du das folgende Schaubild ausfüllst. Schreibe in die Ovale M 1, M 2 oder M 3.

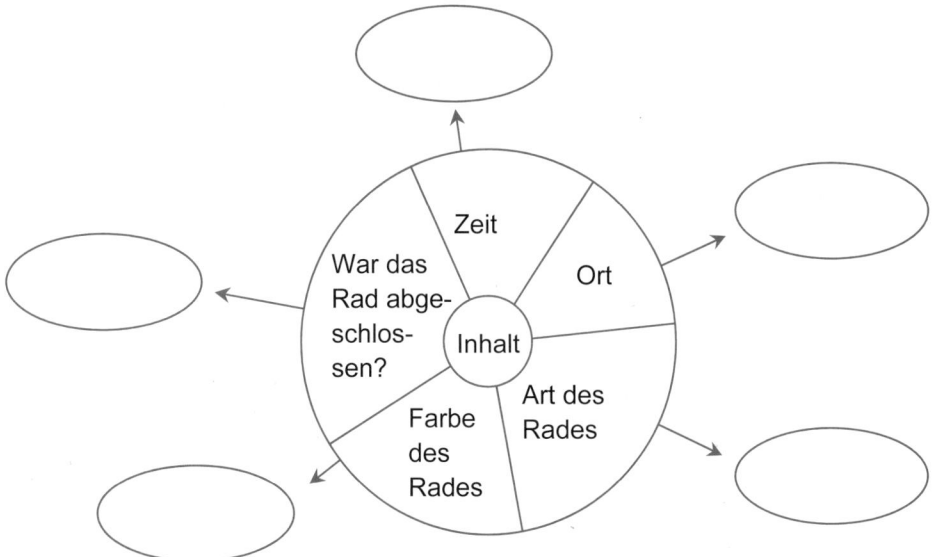

© 2017 Cornelsen Verlag GmbH, Berlin. Alle Rechte vorbehalten.

Die Vervielfältigung dieser Seite ist für den eigenen Unterrichtsgebrauch gestattet. Für inhaltliche Veränderungen durch Dritte übernimmt der Verlag keine Verantwortung.

Illustration:
Henriette von Bodecker, Berlin

Informierende Texte – Ein Einstieg

Wir informieren uns in unserem Alltag unentwegt. Wir lesen zum Beispiel die Fernsehzeitschrift, den Beipackzettel eines Medikaments, ein Sachbuch, den Busfahrplan oder auch einen Lexikonartikel im Internet. Was informierende Texte auszeichnet, kannst du auf dieser Seite erfahren.

Aufgaben

1. Besprecht in Partnerarbeit, welche der folgenden Textsorten die Aufgabe haben zu informieren. Kreuzt die entsprechenden Textsorten an.

   ☐ Kurzgeschichte   ☐ Unfallbericht   ☐ Sage
   ☐ Stadtführer   ☐ Zeugenaussage   ☐ Programmheft
   ☐ Zeitungsartikel   ☐ Märchen   ☐ Vortrag
   ☐ Theaterstück   ☐ Brief   ☐ Bedienungsanleitung
   ☐ Fabel   ☐ Lügengeschichte   ☐ Steckbrief
   ☐ Wegbeschreibung   ☐ Flyer   ☐ Biografie
   ☐ Kommentar   ☐ Lexikonartikel   ☐ Ballade
   ☐ Personenbeschreibung   ☐ Roman
   ☐ Erzählung   ☐ Bildbeschreibung

2. Überlege, wie informierende Texte geschrieben sein sollten. Streiche Unpassendes durch.

   ausschweifend
   übertreibend
   emotional   genau
   ausschmückend   sachlich
   objektiv   humorvoll   wertend
   nüchtern   klar   vage
   erklärend   ironisch

3. Viele informierende Texte richten sich an eine bestimmte Leserschaft. Beantworte die Frage „Wer liest was?", indem du die Titel A bis D jeweils einer passenden Lesergruppe zuordnest. Schreibt die Buchstaben in die Kästchen und begründe deine Ansicht gegenüber einem Lernpartner.

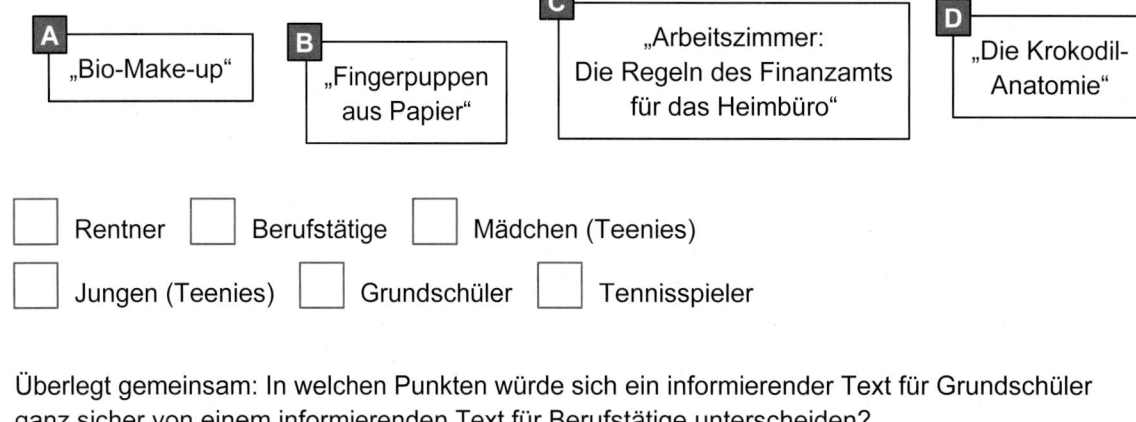

   A „Bio-Make-up"
   B „Fingerpuppen aus Papier"
   C „Arbeitszimmer: Die Regeln des Finanzamts für das Heimbüro"
   D „Die Krokodil-Anatomie"

   ☐ Rentner   ☐ Berufstätige   ☐ Mädchen (Teenies)

   ☐ Jungen (Teenies)   ☐ Grundschüler   ☐ Tennisspieler

4. Überlegt gemeinsam: In welchen Punkten würde sich ein informierender Text für Grundschüler ganz sicher von einem informierenden Text für Berufstätige unterscheiden?

5. Fasse in deinem Heft zusammen, worauf du beim Formulieren eines informierenden Textes achten solltest. Deine Ergebnisse aus den Aufgaben 2 bis 4 helfen dir dabei.

© 2017 Cornelsen Verlag GmbH, Berlin. Alle Rechte vorbehalten.

Die Vervielfältigung dieser Seite ist für den eigenen Unterrichtsgebrauch gestattet. Für inhaltliche Veränderungen durch Dritte übernimmt der Verlag keine Verantwortung.

Spicker – Das Wichtigste herausfiltern

Spicker in einer Prüfung zu benutzen, ist verboten, und macht außerdem nervös. Spicker zu schreiben, kann dagegen sehr hilfreich sein. Schließlich muss es dir gelingen, alle wichtigen Informationen auf kleinstem Raum zusammenzufassen, und dafür musst du den Text verstanden haben.

Wolfgang Krischke: Die Buchstabenhüpfer (2014)

Die Geschichten, die Jakob zu lesen bekommt, sind kurz. Sie handeln von Piraten, Gespenstern oder alltäglichen Erlebnissen. Wenn er mit einem Text fertig ist, drückt er eine Taste und bekommt eine
5 Frage auf den Bildschirm. Die Antwort zeigt dem Testleiter, ob er die Geschichte verstanden hat. Der Junge liest schnell und flüssig, nur selten hüpft der weiße Blick-Punkt auf dem Monitor des Versuchsleiters zurück oder verharrt länger auf einem Wort.
10 Nach einer halben Stunde ist Jakob mit allen 24 Geschichten durch – auf die angebotene Pause hat er verzichtet. „Was liest du denn zu Hause so?", fragt Versuchsleiter Simon Tiffin-Richards. „Die drei ???", sagt Jakob. „Und Donald-Duck-Taschen-
15 bücher!"

„Jakob ist ein sehr guter Leser, die meisten Kinder in seinem Alter brauchen für unsere Texte drei- oder viermal so viel Zeit", sagt Sascha Schroeder [Leiter der Forschungsgruppe am Max-Planck-Institut Ber-
20 lin].

Die Untersuchung der Blickbewegungen bildet einen Kernbereich des Forschungsprojekts, denn sie liefert wichtige Aufschlüsse darüber, wie sich die Lesekompetenz entwickelt und über welche Wörter
25 und Wortformen das Auge „stolpert". Wenn wir lesen, dann scheint es uns zwar so, als würden unsere Augen über die Zeilen gleiten, doch in Wirklichkeit ähnelt der Ablauf eher dem Stop-and-go-Verkehr. Der Blick bewegt sich in Sprüngen – soge-
30 nannten Sakkaden – über die Buchstaben. Unterbrochen werden diese Sprünge von kurzen Pausen, die bei erwachsenen Lesern etwa eine Viertelsekunde dauern. Während dieser Pausen verarbeitet das Gehirn die Informationen, die die Wörter liefern.

Bei Leseanfängern ähneln diese Bewegungen kurzen 35 Hüpfern. Sie arbeiten sich Buchstabe für Buchstabe voran. Erreichen sie das Ende eines langen Wortes, haben sie dessen Anfang oft schon vergessen. Immer wieder springt deshalb der Blick zurück und fixiert dasselbe Wort noch einmal, bevor er weiter- 40 geht. Bei einem erwachsenen, routinierten Leser sind die Sakkaden länger. Er verarbeitet die Wörter in Silben oder noch größeren Einheiten, vertraute Wörter überspringt er auch ganz. Die Pausen, die er braucht, um Wörter zu fixieren, sind nur kurz. [...] 45 Die Schule allein genügt nicht, um flüssig lesen zu lernen. Dafür ist es wichtig, auch außerhalb des Unterrichts immer wieder zu einem Buch zu greifen. Ein Kind, dem das Lesen schwerfällt, gerät deshalb schnell in eine Abwärtsspirale: Es geht Texten und 50 Büchern aus dem Weg und erwirbt keine Routine. Dennoch sei es durchaus ein Verdienst der Lehrer, dass die Leseleistungen nicht noch viel weiter auseinanderdrifteten, sagen die Forscher am Max-Planck-Institut. Einiges sei aber von der Schule nur schwer 55 zu beeinflussen: Dazu gehörten die Leseanreize, die das Elternhaus biete. Mit Fragebogen versuchen die Wissenschaftler herauszufinden, wie viele Bücher bei ihren jungen Probanden zu Hause stehen und wie oft vorgelesen wird. „Direkte Zusammenhänge 60 mit der Leseleistung festzustellen ist schwierig, aber generell zeigt sich schon, dass die Unterstützung zu Hause eine Rolle spielt", sagt Simon Tiffin-Richards.

In: DIE ZEIT vom 4. September 2014. http://www.zeit.de/2014/35/ lesen-lernen-schule-buecherwurm/komplettansicht

Aufgaben

1. Lies den Text einmal schnell durch. Umkreise dabei Wörter, die dir unbekannt sind.

2. Schlage die unbekannten Wörter nach.

3. Lies den Text nun ein weiteres Mal langsam und genau durch.
   Markiere dabei alle wichtigen Informationen.

© 2017 Cornelsen Verlag GmbH, Berlin.
Alle Rechte vorbehalten.

Die Vervielfältigung dieser Seite ist für den eigenen Unterrichtsgebrauch gestattet.
Für inhaltliche Veränderungen durch Dritte übernimmt der Verlag keine Verantwortung.

Fortsetzung auf Seite 14

Aufgaben

4. Sieh dir die folgenden Blattgrößen an.
   Wie viel Platz wirst du für deinen Spicker brauchen?
   a) Wähle eines der Formate und schneide es aus einem leeren DIN-A4-Blatt aus.
      Die Maßangaben helfen dir dabei.
   b) Notiere nun auf deinem Spickzettel eine stichwortartige Zusammenfassung des Textes.
      Solltest du dabei feststellen, dass du dich noch kürzer fassen kannst,
      nutze das nächstkleinere Format.
      Aber Achtung: Der Spicker muss verständlich bleiben und die wichtigsten Informationen
      müssen enthalten sein.

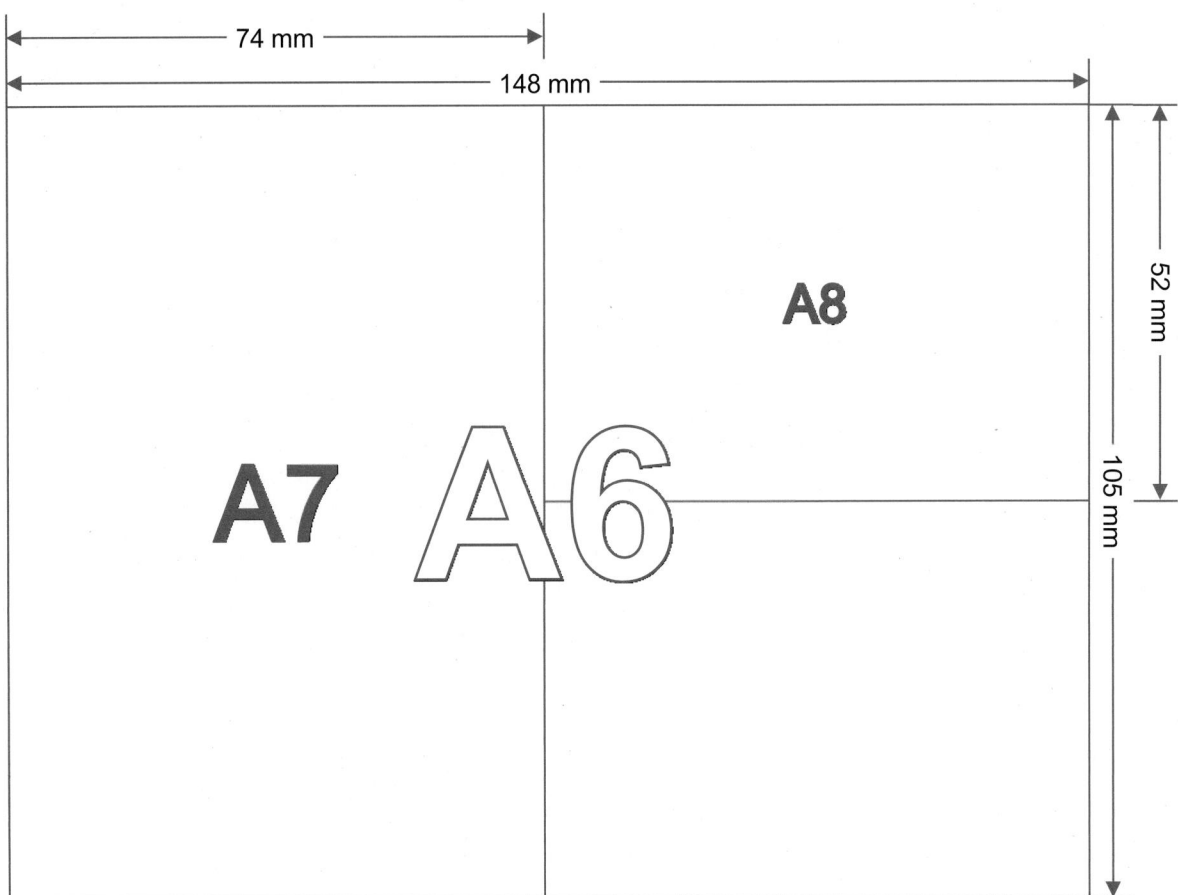

5. Nun der Test: Stelle einem Mitschüler, der den Text im Idealfall noch nicht kennt,
   deinen Spicker zur Verfügung. Wenn er versteht, worum es geht, hast du alles
   richtig gemacht. Wenn dein Spicker aber ein Rätsel für ihn ist, besprecht gemeinsam,
   woran das liegen könnte. Was könntest du besser machen?

© 2017 Cornelsen Verlag GmbH, Berlin. Alle Rechte vorbehalten.

Die Vervielfältigung dieser Seite ist für den eigenen Unterrichtsgebrauch gestattet. Für inhaltliche Veränderungen durch Dritte übernimmt der Verlag keine Verantwortung.

Finde die Fehler im Diagramm!

*Die Zahlen in den folgenden Diagrammen sind frei erfunden. Aber abgesehen davon enthält jedes Diagramm noch **einen** richtigen Fehler. Findest du ihn?*

Aufgabe

1. Finde den Fehler und erkläre deinem Tischnachbarn, worin er besteht.
   Überprüfe dein Ergebnis dann mit der Lösungsseite.
   Achtung: Bei Diagramm 1 musst du wie bei einem Rätsel ein bisschen um die Ecke denken,
   um den Fehler aufzuspüren.

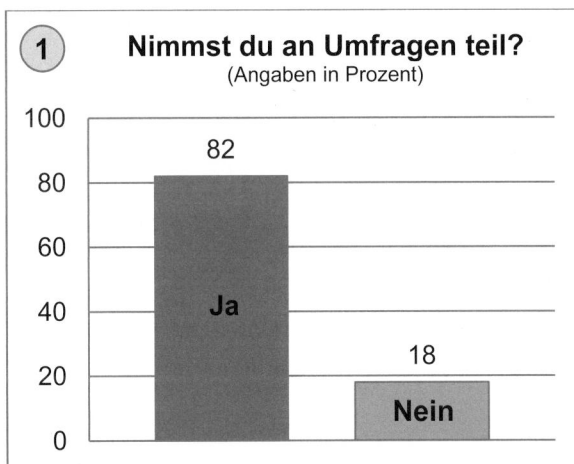

1 **Nimmst du an Umfragen teil?**
(Angaben in Prozent)

2 **Welcher Tag ist dein Lieblingstag?**
(nur eine Nennung möglich, Angaben in Prozent)

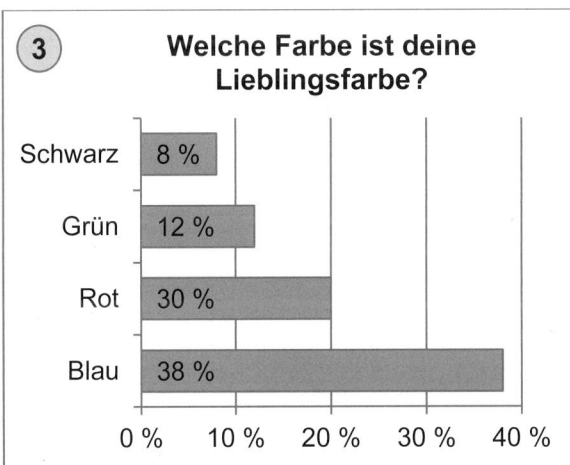

3 **Welche Farbe ist deine Lieblingsfarbe?**

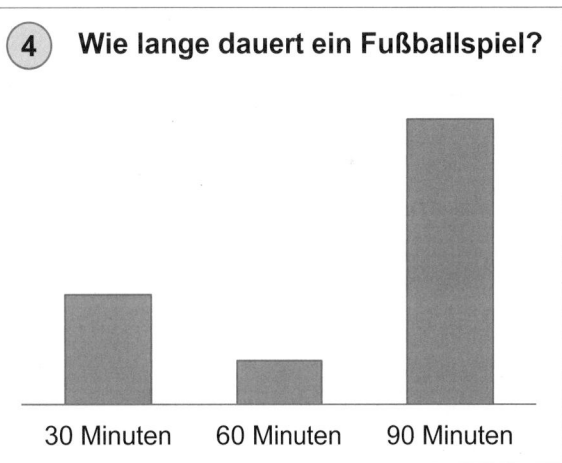

4 **Wie lange dauert ein Fußballspiel?**

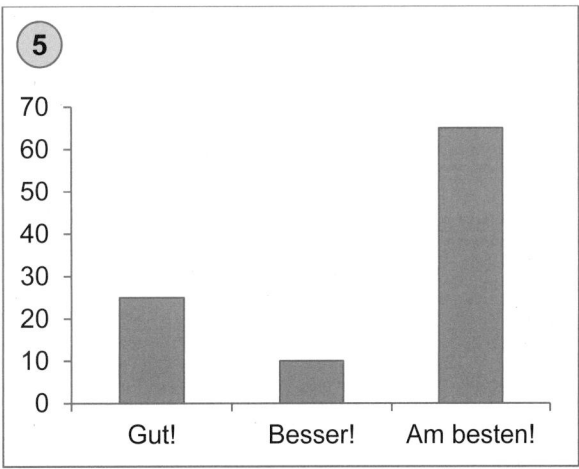

5

© 2017 Cornelsen Verlag GmbH, Berlin.
Alle Rechte vorbehalten.

Die Vervielfältigung dieser Seite ist für den eigenen Unterrichtsgebrauch gestattet.
Für inhaltliche Veränderungen durch Dritte übernimmt der Verlag keine Verantwortung.

Cornelsen

Diagramme richtig lesen

Ein Diagramm hat die Aufgabe viele Informationen in einem einzigen Bild zusammenzufassen, sodass sich die Leserinnen und Leser schnell einen Überblick zu einem bestimmten Thema oder Sachverhalt verschaffen können. Allerdings muss man das „richtige" Lesen eines Diagramms erst üben.

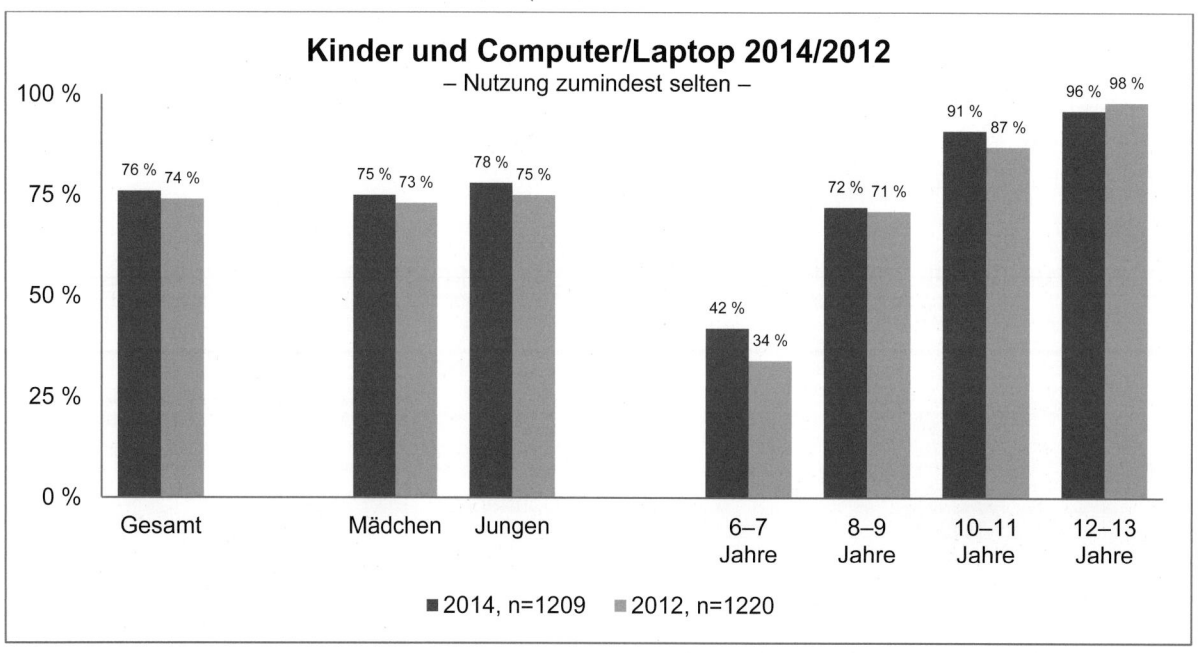

Quelle: KIM-STUDIE 2014

Aufgaben

1. Viele Diagramme sind ähnlich aufgebaut. Markiere die verschiedenen Elemente.
   - rot: die Überschrift des Diagramms
   - blau: die x-Achse (= waagerechte Achse) des Diagramms
   - grün: die y-Achse des Diagramms
   - gelb: die Ergebnisse/Zahlen des Diagramms

2. Sieh dir das Diagramm nun genau an und beantworte die folgenden Fragen.

   - Was bedeuten die verschiedenen Graustufen der Säulen?

   _____

   _____

   - Was bedeutet die Beschriftung der x-Achse?

   _____

   _____

   - Was bedeutet die Beschriftung der y-Achse?

   _____

   _____

   - Auf was beziehen sich die Zahlen über den Säulen? Um welche Art von Angabe handelt es sich?

   _____

   _____

© 2017 Cornelsen Verlag GmbH, Berlin. Alle Rechte vorbehalten.

Die Vervielfältigung dieser Seite ist für den eigenen Unterrichtsgebrauch gestattet. Für inhaltliche Veränderungen durch Dritte übernimmt der Verlag keine Verantwortung.

Cornelsen

Fortsetzung auf Seite 17

Aufgaben

3. Formuliere die Überschrift des Diagramms mit eigenen Worten. Achte dabei besonders auf den Hinweis „Nutzung zumindest selten".

_____

_____

4. Untersuche nun einzelne Säulen des Diagramms genauer und ergänze die folgenden Sätze. Schreibe in die Lücken.

   • Im Jahr _____ gaben 75 % der Mädchen an, zumindest selten einen Computer zu benutzen.

   • Im Jahr 2012 nutzten noch _____ der Mädchen einen Computer.

   • Im Jahr 2014 gaben 91 % der _____ an, einen Laptop zu nutzen.

5. Vergleiche nun die Säulen des Diagramms in den folgenden drei Punkten. Formuliere ganze Sätze. Du kannst dafür auf einige der folgenden Formulierungsbausteine zurückgreifen:

   Formulierungsbausteine
   während • ist gestiegen • beinahe gleichbleibend • ein geringfügiger Anstieg • zu verzeichnen • festzustellen • auffällig ist • ausgeglichen • gleichermaßen • größer als • zeigt sich eine Entwicklung

   A Laptopnutzung von Mädchen und Jungen insgesamt

   _____

   _____

   _____

   B Laptopnutzung in den Jahren 2012 und 2014 in der Gesamttendenz

   _____

   _____

   _____

   C Unterschiede in der Laptopnutzung 2014 zwischen den 8–9-Jährigen und den 10–11-Jährigen

   _____

   _____

   _____

6. Diskutiert, ob euch die Ergebnisse des Diagramms eher überraschen oder eher in euren Ansichten bestätigen.

7. Untersucht die Computernutzung in eurer Klasse und stellt die Ergebnisse in einem Diagramm dar.

© 2017 Cornelsen Verlag GmbH, Berlin. Alle Rechte vorbehalten.

Die Vervielfältigung dieser Seite ist für den eigenen Unterrichtsgebrauch gestattet. Für inhaltliche Veränderungen durch Dritte übernimmt der Verlag keine Verantwortung.

Spaß mit Diagrammen

Meist sollen Diagramme und Grafiken Ergebnisse von Umfragen und Untersuchungen knapp und übersichtlich darstellen. Hier liegt der Fall aber etwas anders: Alles ist erfunden, es geht eher um Gefühltes als um harte Fakten und der Betrachter der Diagramme soll denken: „Komisch, genau so ist das bei mir auch!"

Aufgabe

1. Kreuze an, welche Aussagen auf die Diagramme auf dieser und der nächsten Seite zutreffen. Es sind jeweils nur drei Kreuze erlaubt.

Katja Berlin, Peter Grünlich: Was wir tun, wenn der Aufzug nicht kommt (2012)

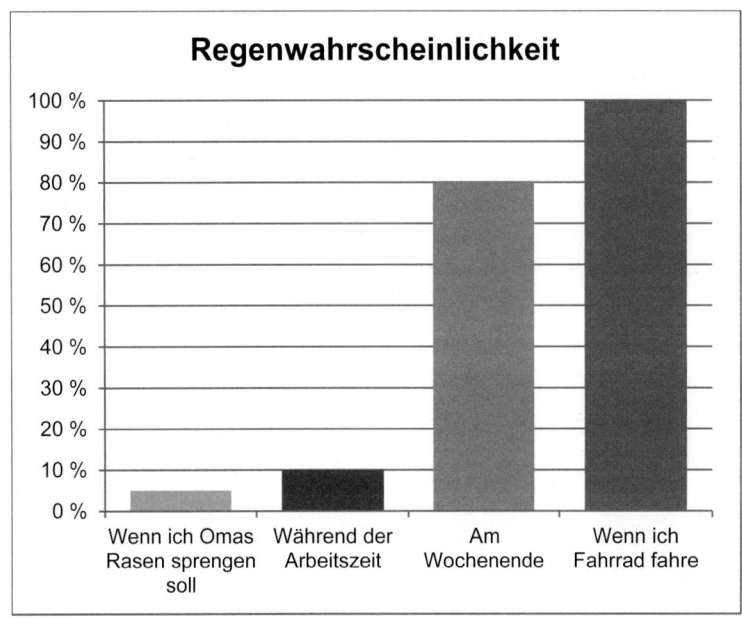

☐ Omas Rasen müsste mal wieder gesprengt werden.

☐ Die Wahrscheinlichkeit, dass es regnet, ist sehr hoch.

☐ Immer regnet es, wenn ich Fahrrad fahre.

☐ Wenn ich arbeiten muss, haben wir fast nie schlechtes Wetter.

☐ Das Wetter ist unter der Woche wesentlich besser als am Wochenende.

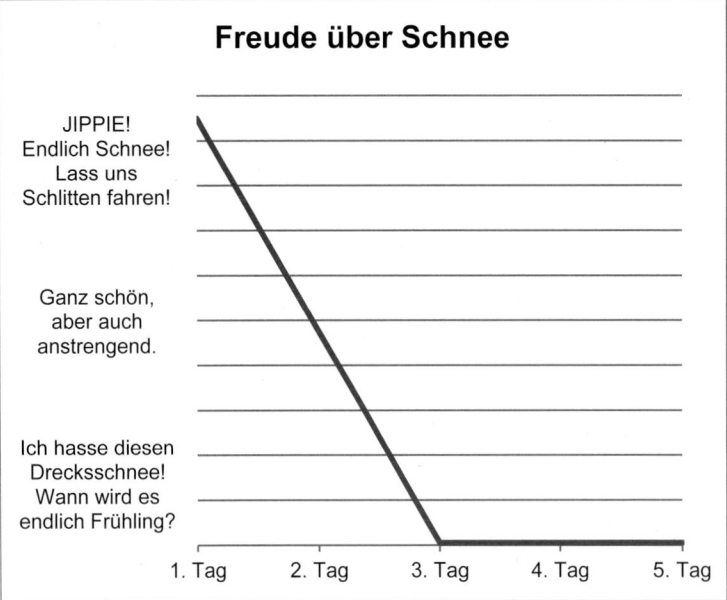

☐ Ich freue mich, wenn es zu schneien beginnt.

☐ Die Freude am Schnee nimmt schnell ab.

☐ Der Schnee bleibt nur 3 Tage liegen.

☐ Am ersten Tag fällt am meisten Schnee.

☐ Nach dem dritten Tag hat man keine Freude mehr am Schnee.

Aus: Katja Berlin, Peter Grünlich: Was wir tun, wenn der Aufzug nicht kommt.
Die Welt in überwiegend lustigen Grafiken. München: Wilhelm Heyne Verlag. 5. Auflage 2012

© 2017 Cornelsen Verlag GmbH, Berlin.
Alle Rechte vorbehalten.
Die Vervielfältigung dieser Seite ist für den eigenen Unterrichtsgebrauch gestattet.
Für inhaltliche Veränderungen durch Dritte übernimmt der Verlag keine Verantwortung.

Fortsetzung auf Seite 19

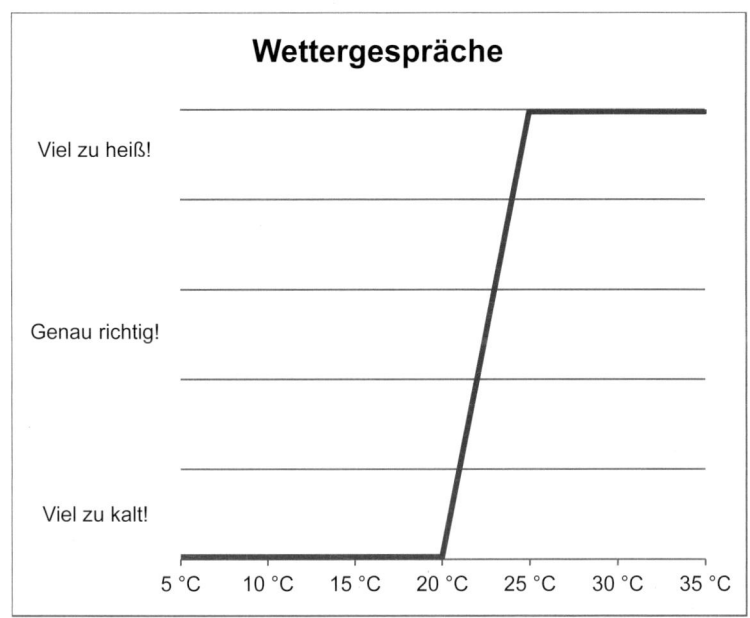

Wettergespräche

Viel zu heiß!

Genau richtig!

Viel zu kalt!

5 °C   10 °C   15 °C   20 °C   25 °C   30 °C   35 °C

☐ Zwischen 20 und 25 °C Außentemperatur beschweren sich die Menschen.

☐ Bei bis zu 19 °C beschweren sich viele, dass es ihnen zu kalt ist.

☐ Viele Menschen sprechen nur über das Wetter.

☐ Bei über 25 °C beschweren sich viele, dass es ihnen zu heiß ist.

☐ Bei 35 °C gibt es dieselben Beschwerden wie bei 25 °C.

Aus: Katja Berlin, Peter Grünlich: Was wir tun, wenn der Aufzug nicht kommt.
Die Welt in überwiegend lustigen Grafiken. München: Wilhelm Heyne Verlag. 5. Auflage 2012

Aufgaben

2. Was wollen diese Spaßdiagramme eigentlich aussagen? Fasse die Aussagen der Diagramme jeweils kurz zusammen.

   Regenwahrscheinlichkeit:

   _____

   _____

   _____

   Freude über Schnee:

   _____

   _____

   _____

   Wettergespräche:

   _____

   _____

   _____

3. Erfindet in Partnerarbeit selbst ein Diagramm, zu einem Phänomen, das jeder kennt.
   Mögliche Themen:

Urlaub • Schule • Zahnarzt • Fernsehen • Freibad • Klopapier • Einschlafen • Kühlschrank

Die Vervielfältigung dieser Seite ist für den eigenen Unterrichtsgebrauch gestattet.
Für inhaltliche Veränderungen durch Dritte übernimmt der Verlag keine Verantwortung.

© 2017 Cornelsen Verlag GmbH, Berlin.
Alle Rechte vorbehalten.

Diagramme deuten

Wenn die „nackten" Zahlen eines Diagramms noch nicht sehr aussagekräftig sind oder sogar mehr Fragen aufwerfen, als sie beantworten, dann musst du selbst nach möglichen Erklärungen suchen. D.h., du musst das Diagramm, seine Werte und Zahlen interpretieren, um zu einer sinnvollen Aussage zu gelangen. Das ist dann schon etwas für Profis.

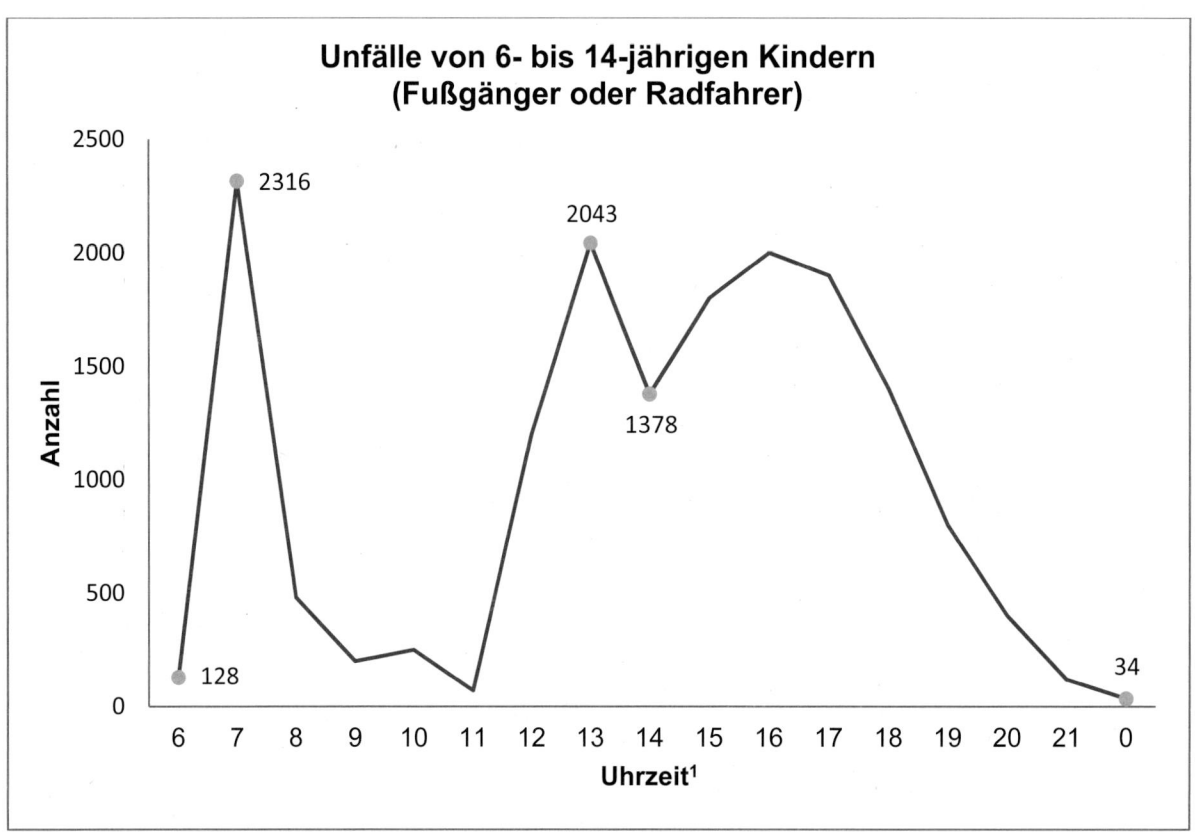

Unfälle von 6- bis 14-jährigen Kindern (Fußgänger oder Radfahrer)

Quelle: Statistisches Bundesamt, Wiesbaden 2009

1 Die Uhrzeitangaben beziehen sich auf eine Zeitspanne von 60 Minuten.
Ausnahmen: 21 Uhr (21–23 Uhr 59)

Aufgaben

1. Erklärt euch in Partnerarbeit gegenseitig, wie es zu den Unfallhäufungen zwischen 6 und 8 Uhr sowie zwischen 12 und 17 Uhr kommen könnte.

2. Lest die folgenden Überschriften von Zeitungsartikeln und begründet, in welcher Weise sie zu dem abgedruckten Diagramm passen könnten.

> **Im Winter ist die Welt um 7 Uhr dunkel!**

> **Tretroller und Helm – Uncool? Nein!**

> **Kinder müssen nicht nur in der Schule, sondern schon auf dem Schulweg wach sein!**

3. Formuliert weitere Zeitungsüberschriften, die sich auf das Diagramm beziehen lassen.

© 2017 Cornelsen Verlag GmbH, Berlin. Alle Rechte vorbehalten.

Die Vervielfältigung dieser Seite ist für den eigenen Unterrichtsgebrauch gestattet. Für inhaltliche Veränderungen durch Dritte übernimmt der Verlag keine Verantwortung.

Informationen in Beziehung setzen

Ob Argumentation oder Information, die Inhalte deines Textes müssen logisch miteinander verknüpft sein. In der Regel kannst du dafür die folgenden Konjunktionen und Adverbien nutzen:

Art der logischen Beziehung	Konjunktionen und Adverbien
konditional Bedingung: *Wenn das passiert, dann passiert das ...*	wenn, sofern, falls, ...
kausal Grund: *Das ist passiert, weil ...*	denn, weil, da, daher, deshalb, darum, deswegen, ...
temporal Zeit: *Das ist passiert, nachdem/bevor ...*	als, bevor, ehe, nachdem, während, sobald, sooft, zuvor, darauf, bis, ...
final Ziel/Zweck: *Ich mache das, damit ...*	dass, damit, um zu, auf dass, dafür, ...
konsekutiv Folge: *Ich mache das, also wird ...*	sodass, also, folglich, somit, dann, ...
kopulativ Reihung: *Es passiert sowohl das, als auch ...*	beziehungsweise, nicht nur ... sondern auch, sowie, sowohl ... als auch, und, ...
adversativ Gegensatz: *Ich will das machen, aber ...*	aber, sondern, doch, jedoch, trotzdem, anstatt dass, ...
alternativ mehrere Möglichkeiten: *Entweder ich mache das oder ...*	entweder ... oder, oder, ...
konzessiv Einräumung: *Ich mache das, obwohl ich weiß ...*	obwohl, obgleich, dennoch, ...
modal Art und Weise: *Ich mache das, indem ...*	als, als ob, indem, wie, wie wenn, ...

Aufgaben

1. Lies dir die Tabelle durch und probiere einige Konjunktionen und Adverbien aus, um zu überprüfen, ob du die Art der logischen Beziehung in der linken Spalte verstehst.

2. Ergänze die folgenden Satzanfänge. Stelle dabei jeweils die logische Verbindung her, die in der Klammer angegeben ist.

   Ich halte ein Gewitter für unwahrscheinlich, (konzessiv) _____

   _____

   Ich lerne für die Mathearbeit, (temporal) _____

   _____

   Vieles spricht dafür, (adversativ) _____

   Fahrradhelme sind wichtig, (kausal) _____

   Er tut so, (modal) _____

© 2017 Cornelsen Verlag GmbH, Berlin. Alle Rechte vorbehalten.

Die Vervielfältigung dieser Seite ist für den eigenen Unterrichtsgebrauch gestattet. Für inhaltliche Veränderungen durch Dritte übernimmt der Verlag keine Verantwortung.

Fortsetzung auf Seite 22

Aufgaben

3. Zu einer Diskussion darüber, ob Zirkusse weiter mit Großtieren arbeiten sollten, findest du in den folgenden Kreisen verschiedene Aspekte. Schneide die Kreise aus und lege sie vor dich hin.

4. Wähle nun zwei Kreise aus Aufgabe 3 aus und erklärt einem Partner, wie du diese beiden Kreise verbinden willst. Benennt jeweils auch die Art der logischen Verbindung. Dann tauscht ihr: Dein Partner wählt zwei Kreise aus und erklärt dir, wie er sie verbinden will.
Jeder sollte mindestens fünf Mal an der Reihe sein.

Beispiel:

(Interesse des Publikums)   „Es besteht ein Interesse des Publikums, aber der Zirkus bedeutet Stress für die Tiere." (adversativ)   (Stress für die Tiere)

5. **Ein Legespiel:** Nehmt ein leeres Blatt und legt einen Kreis in die Mitte. Legt dann abwechselnd – in Partner- oder Gruppenarbeit – einen weiteren Kreis dazu. Verbindet die beiden Kreise mit einem Strich, formuliert dann mit dem Kreis, den ihr angelegt habt, eine mögliche Verbindung und schreibt die Art der Verbindung über den Strich. Spielt, bis euer Blatt voll ist.

Beispiel:

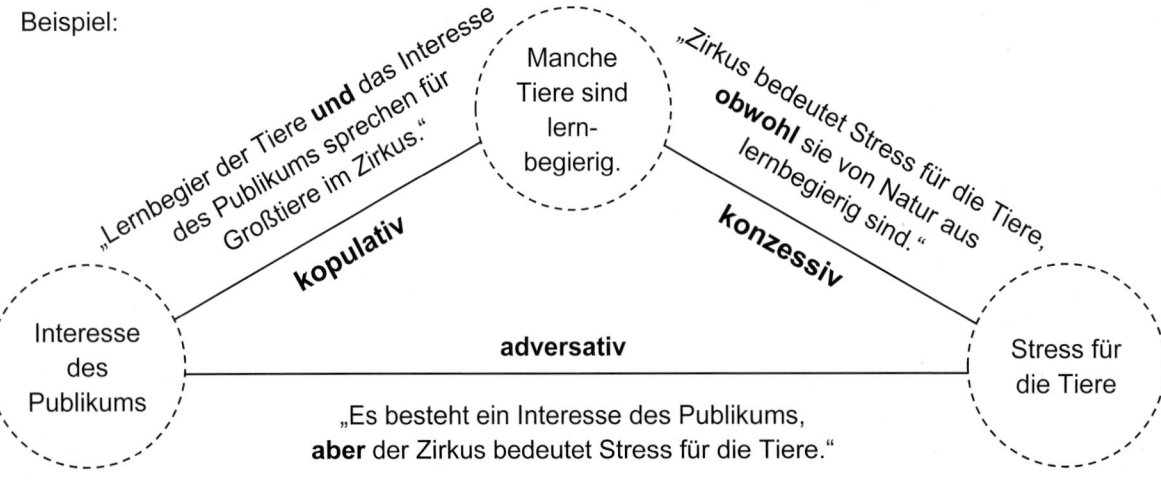

© 2017 Cornelsen Verlag GmbH, Berlin. Alle Rechte vorbehalten.

Die Vervielfältigung dieser Seite ist für den eigenen Unterrichtsgebrauch gestattet. Für inhaltliche Veränderungen durch Dritte übernimmt der Verlag keine Verantwortung.

Cornelsen

Der Schreibplan – Einleitung, Hauptteil und Schluss

So viel steht fest: Jeder informierende Text muss eine Einleitung, einen Hauptteil und einen Schluss haben. Auf dieser Seite kannst du lernen, wie du dir diesen Aufbau für deinen Schreibplan zunutze machen kannst.

Aufgaben

1. Lies die folgende Aufgabenstellung:

> Stelle deinen Mitschülerinnen und Mitschülern auf der Grundlage der folgenden Materialien die Sportart „Tischtennis" vor. Dein Kurzvortrag sollte nicht länger als 5 Minuten dauern.

2. Fülle den Schreibplan schrittweise aus. Gehe so vor:
   a) Benenne das Thema deines Kurzvortrags.
   b) Erkläre oder definiere den Kernbegriff.
   c) Wecke das Interesse deiner Zuhörer durch eine ungewöhnliche oder spannende Information. Häufig kannst du dabei auf Zahlen aus dem Material zurückgreifen.
   d) Stelle im Hauptteil die wesentlichen Inhalte in einer sinnvollen Reihenfolge dar. Es reicht, wenn du hier unter Punkt 1, 2 und 3 die jeweilige Überschrift der folgenden Materialien notierst.

   Material 1: Tischtennis – Ein chinesischer Volkssport
   Material 2: Schneller als der Wind – Tischtennis ist Geschwindigkeit pur
   Material 3: Die Geschichte des Tischtennis

   e) Fasse die Inhalte am Schluss kurz zusammen oder formuliere eine Aufforderung.

Schreibplan zum Kurzvortrag „Tischtennis"	
Einleitung	Thema: Definition: Interesse wecken: *Bälle fliegen mit 250 Stundenkilometern*
Hauptteil	Punkt 1: Punkt 2: Punkt 3:
Schluss	Zusammenfassung: *oder* Aufforderung:

3. Übertrage die Vorgehensweise aus Aufgabe 2 auf die folgenden Themen. Mögliche Inhalte für den Hauptteil musst du dir jeweils ausdenken.

> Vulkane • Cybermobbing • Skaten

© 2017 Cornelsen Verlag GmbH, Berlin. Alle Rechte vorbehalten.

Die Vervielfältigung dieser Seite ist für den eigenen Unterrichtsgebrauch gestattet. Für inhaltliche Veränderungen durch Dritte übernimmt der Verlag keine Verantwortung.

Einen Kommentar aufbauen

Beim Aufbau eines Kommentars hast du viele Freiheiten. Das klingt zunächst gut, stellt dich aber auch vor die Frage: Wie baue ich meinen Kommentar so auf, dass er seine Wirkung auf die Leser am besten entfaltet?

Aufgaben

1. Auf den Textstreifen unten sind die Inhalte des Kommentars „Reparieren, teilen, tauschen"
   (→ S. 25) von Astrid Viciano knapp zusammengefasst.
   Schneide die Streifen aus und ordne sie so, dass ein interessanter Kommentar entsteht.

> Junge Leute setzen zunehmend auf Second-Hand-Produkte.

> Mittlerweile wird zu Ostern fast so viel konsumiert wie zu Weihnachten.

> Durch den Konsum des Neuen wird das Alte zu Müll erklärt und Ressourcen werden verschwendet.

> Steter Konsum brachte bisher mehr Wohlstand hervor.

> Vermeintlicher Müll kann durch neue Verfahren im Produktionskreislauf wieder genutzt werden.

> Besitz darf kein so erstrebenswertes Ziel mehr sein.

> Alltagsgegenstände wie Handys und T-Shirts benötigen viele Rohstoffe für ihre Herstellung.

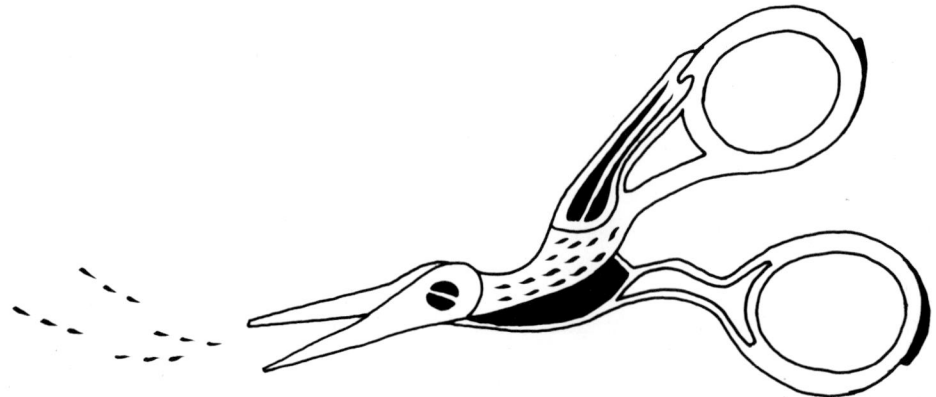

2. Diskutiert eure Ergebnisse in Arbeitsgruppen und erstellt eine gemeinsame Reihenfolge.

© 2017 Cornelsen Verlag GmbH, Berlin.
Alle Rechte vorbehalten.

Die Vervielfältigung dieser Seite ist für den eigenen Unterrichtsgebrauch gestattet.
Für inhaltliche Veränderungen durch Dritte übernimmt der Verlag keine Verantwortung.

Illustration:
Henriette von Bodecker, Berlin

Fortsetzung auf Seite 25

Aufgaben

3. Vergleicht euer Ergebnis aus Aufgabe 2 mit dem folgenden Originaltext aus der Süddeutschen Zeitung und diskutiert die Anordnung:
   - Leuchtet euch der Aufbau des Originaltextes ein?
   - Welche Vorteile hat dieser Aufbau gegenüber eurem Vorschlag?
   - Habt ihr die bessere Variante?

4. Erkläre, inwiefern sich der Aufbau dieses Kommentars vom Aufbau einer Erörterung unterscheidet.

Astrid Viciano: Reparieren, teilen, tauschen (2016)

Ostern sei inzwischen fast wie ein zweites Weihnachten, frohlockte einmal eine Sprecherin des deutschen Einzelhandelsverbands. Zum zweitgrößten Konsumfest erkoren, streben die kaufwilligen Kunden im Frühjahr nach zunehmend größeren Geschenken. Und lechzen danach, sich über ihre Errungenschaften neu zu definieren, ein süßliches Wohlgefühl
5 zu erleben wie imaginäre Zuckerwatte. Mit dem Kauf des besonders schnellen Handys. Des ausgefallenen Designer-Shirts. Der dicken, goldnen Armbanduhr.
= Einleitung. Aktueller Anlass

Dann geht es nicht allein ums Kaufen. Dann geht es fast zwangsläufig darum, anderes wegzuwerfen. Der alte Computer hat ebenso ausgedient wie die Mode aus dem vergangenen Sommer und die ausrangierte Armbanduhr. Dieser Hang zum steten Konsum sei das
10 größte Hindernis, an Ressourcen zu sparen und weniger Müll zu produzieren, klagt der britische Entwicklungspsychologe Bruce Hood von der University of Bristol im Fachjournal *Nature*. Daher fordert er eine Abkehr von Materialismus und Besitzstreben. Völlig zu Recht.
= Nennung des Themas

So werden für die Herstellung eines neuen Handys 60 verschiedene Metalle benötigt,
15 manche davon aus Krisengebieten. 1300 Liter Wasser sind nötig, bis zu 30 Kilogramm Kohlendioxid werden frei, berichtet der Bund für Umwelt und Naturschutz Deutschland. Für ein Baumwoll-T-Shirt braucht es sogar 2700 Liter Wasser.
= Information

Gegen den Mainstream schwimmen zunehmend junge Menschen, die auf Second-Hand-Produkte setzen, die reparieren, tauschen, teilen, wo sie nur können. Das kaputte Handy
20 wird in einer Werkstatt instand gebracht, das alte T-Shirt gegen ein ebensolches eingetauscht.
= Argument A1

Doch kann das im großen Stil funktionieren? Der Konsum hat den Menschen bislang ein stetiges Wirtschaftswachstum beschert. Immer besser, einfacher, bequemer sollte das Leben werden. Wie soll das mit einer Geisteshaltung zusammenpassen, die das Beständi
25 ge preist?
= Argument B1 Einschränkung/ Widerspruch

Vielleicht liegt die Lösung darin, den Ehrgeiz neu zu kanalisieren. In wohldurchdachte industrielle Kreisläufe zum Beispiel, in denen Güter am Ende ihres Lebens als Ressourcen für andere Produkte dienen, schlägt ein weiterer *Nature*-Autor vor. Um wieder zu verwenden, was dafür tauglich ist, zu recyceln, was anderweitig genutzt werden kann. Und
30 zu reparieren, was sich instand bringen lässt. Damit möglichst wenig Müll entsteht.
= Argument A2

Zusätzlich bedarf es aber auch an Strategien, weniger Besitztum gesellschaftlich erstrebenswert zu machen. Zumal Studien ergeben haben, dass Materialisten weniger glücklich sind als jene Menschen, denen teure Handys oder dicke Armbanduhren gleichgültig sind.
= Argument A3

Aus: Süddeutsche Zeitung vom 26.03.2016
http://www.sueddeutsche.de/wissen/ressourcen-sparen-reparieren-teilen-tauschen-1.2920052

© 2017 Cornelsen Verlag GmbH, Berlin. Alle Rechte vorbehalten.

Die Vervielfältigung dieser Seite ist für den eigenen Unterrichtsgebrauch gestattet. Für inhaltliche Veränderungen durch Dritte übernimmt der Verlag keine Verantwortung.

Eigene Argumente finden

„Eigene Argumente finden? Ist das denn nötig? Die Argumente stehen doch alle in den Materialien!"
Stimmt nicht immer! Manchmal überwiegt in den Materialien auch die Pro- oder die Kontra-Seite und du
musst selbst eigene Argumente ergänzen. Wie das geht, kannst du mit dem folgenden Text trainieren.

Aufgabe

1. Lies den Text auf dieser und der nächsten Seite ein erstes Mal zügig durch und betrachte auch
   die Grafiken.

Helmut Martin-Jung, Hakan Tanriverdi, Matthias Huber: Mehr Umsatz als die Bundesliga (2015)

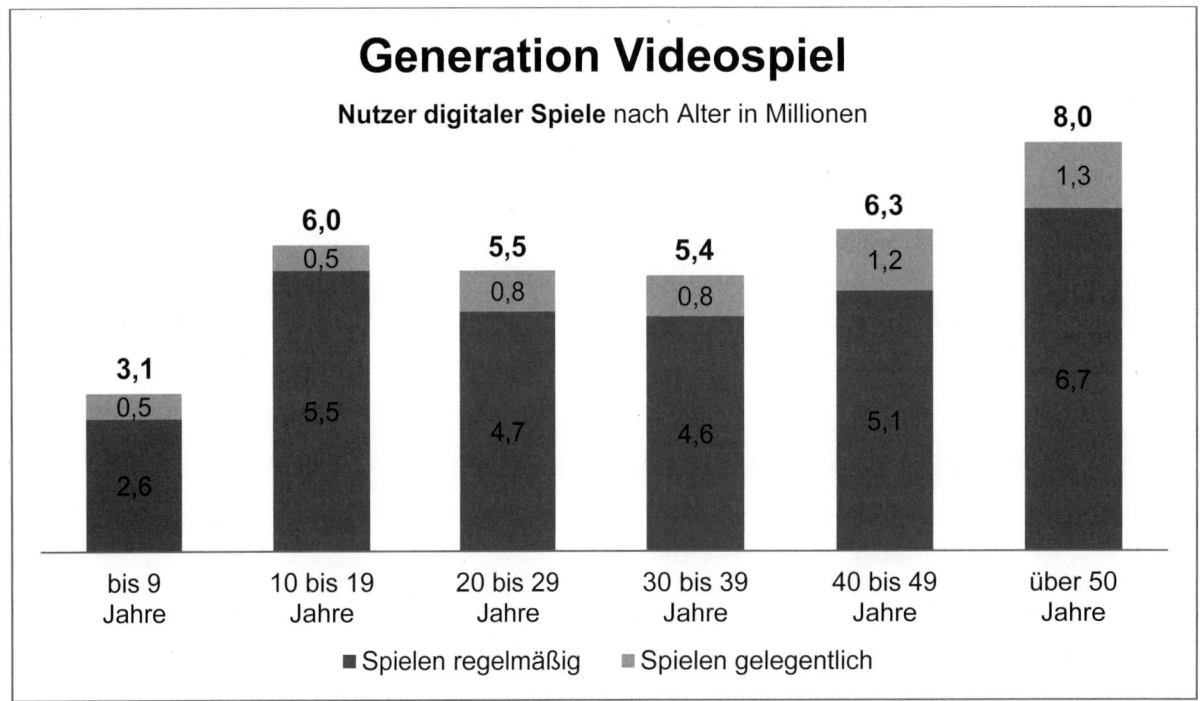

Die Spielebranche hat, was den Umsatz angeht, der Filmindustrie bereits den Rang abgelaufen. Im vergangenen Jahr setzte sie weltweit 87 Milliarden Dollar um. Längst ist sie auch in Deutschland ein
5 bedeutender Wirtschaftsfaktor. Mit 2,7 Milliarden Euro erreicht sie mehr Umsatz als die Fußball-Bundesliga, und zur Gamescom pilgern weitaus mehr Besucher als zur Cebit. Zur Computermesse nach Hannover kamen im vergangenen Jahr 220 000
10 Menschen, die Kölner Gamescom besuchten 2014 mehr als 330 000 Menschen, dieses Jahr wurde die Ausstellungsfläche noch einmal um zehn Prozent vergrößert.
Doch während in den USA Präsident Barack Obama
15 die Spielekonsole Playstation sogar in Reden erwähnt, ist die Branche in Deutschland gerade erst dabei, ihr Negativ-Image abzustreifen. Viele spielen, aber reden lieber nicht öffentlich darüber.
Dabei ist in Wahrheit auch Deutschland eine Nation
20 der Computerspieler: 42 Prozent der Bevölkerung

spielen regelmäßig, wie eine repräsentative Umfrage im Auftrag des Branchenverbandes Bitkom ergab, Männer und Frauen etwa gleich häufig.
Jüngere Menschen sind unter den Computerspielern zwar noch immer deutlich in der Überzahl, doch 25 auch bei den 50- bis 64-Jährigen spielt der Bitkom-Studie zufolge jeder vierte. Und Computerspielen ist, wie Zahlen des Bundesverbandes Interaktive Software zeigen, eine Freizeitbeschäftigung, die alle Schichten der Bevölkerung anspricht. 30
Trotzdem halten sich hartnäckig Vorbehalte gegen das Daddeln am Computer. „Deutschland ist das Land, in dem international am stärksten über die Gefährdung durch Spiele diskutiert wurde", sagt Andreas Lange, Direktor des Computerspiele- 35 Museums in Berlin, „wir haben den Begriff Killerspiele geprägt."
Mittlerweile habe sich die Diskussion aber versachlicht. Andere Länder waren da schneller: „In den USA, Kanada und Dänemark gibt es einen offeneren 40

© 2017 Cornelsen Verlag GmbH, Berlin. Alle Rechte vorbehalten.

Die Vervielfältigung dieser Seite ist für den eigenen Unterrichtsgebrauch gestattet.
Für inhaltliche Veränderungen durch Dritte übernimmt der Verlag keine Verantwortung.

Fortsetzung auf Seite 27

akademischen Zugang zu Computerspielen", sagt der Berliner Computerspiel-Experte Christian Huberts, „die Spiele-Forschung ist dort bereits seit Jahren etabliert."

45 Auch in Südkorea haben erfolgreiche Computerspieler Kultstatus, das Genre ist gesellschaftlich anerkannt. Den Leistungen koreanischer oder kanadischer Schüler schadet die Spielfreude offensichtlich nicht – in den Ranglisten der Pisa-Studien stehen

50 beide Länder vor Deutschland.

Dennoch wird hierzulande Spielern noch immer unterstellt, sie vereinsamten in ihren Kellern. Zumindest für Spiele, die in Teams ausgetragen werden, gilt das nicht: „Die Spieler sind Teil einer sehr

55 aktiven und gut funktionierenden Gemeinschaft", sagt die Pädagogin Tanja Adamus, die über das Thema promoviert hat: „Sie müssen teamfähig sein und blind wissen, wie ihre Mitspieler reagieren."

Andere Studien haben nachgewiesen, dass Compu-
60 terspiele die Reaktionsfähigkeit trainieren und das Wahrnehmungsvermögen steigern können. Allerdings zeigt sich auch, dass sich manche in den fantastischen Welten der Spiele verlieren, sie werden regelrecht süchtig danach, die nächste Ebene in

65 einem Spiel zu erreichen.

Eltern müssten sich daher „viel mehr dafür interessieren, was im Netz und in den Spielen passiert", sagt der Leiter der Ambulanz für Medienabhängigkeit an der Klinik der Ruhr-Universität Bochum,

70 Bert te Wildt. Doch auch er weiß: „Computerspiele gehören heute selbstverständlich zum Aufwachsen dazu."

„Computerspiele sind im Alltag angekommen", sagt der Medienwissenschaftler Jeffrey Wimmer, der an
75 der TU Ilmenau forscht, „sie prägen die Gesellschaft, ähnlich wie es Fernsehen und Zeitungen tun." […]

Aus: Süddeutsche Zeitung vom 01.08.2015
http://www.sueddeutsche.de/digital/gamescom-spielen-ohne-rot-zu-werden-1.2590395

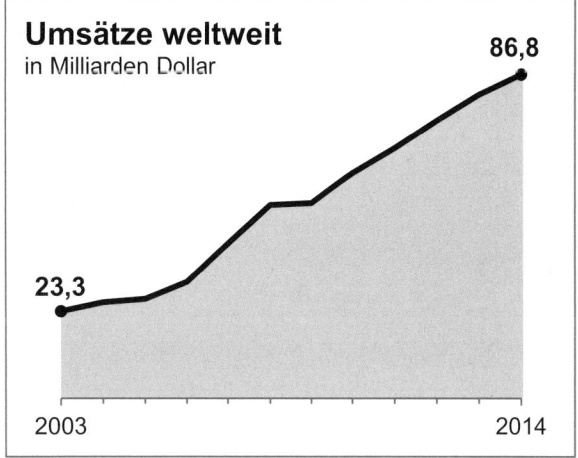

Umsätze weltweit
in Milliarden Dollar

86,8

23,3

2003   2014

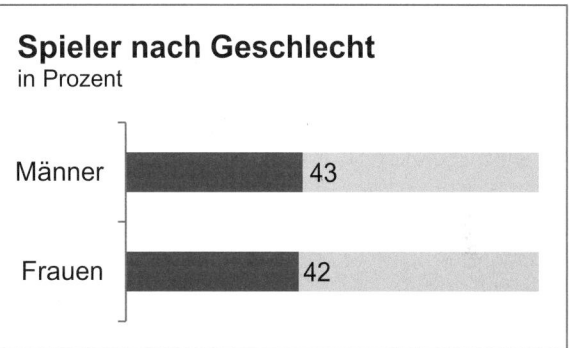

Spieler nach Geschlecht
in Prozent

Männer   43

Frauen   42

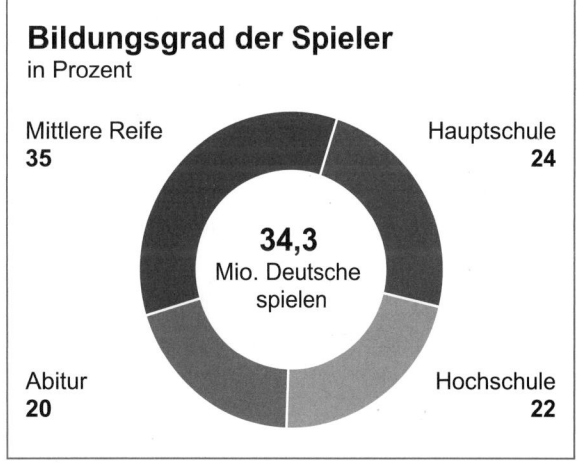

Bildungsgrad der Spieler
in Prozent

Mittlere Reife **35**   Hauptschule **24**

34,3
Mio. Deutsche spielen

Abitur **20**   Hochschule **22**

Aufgabe

2. Lies den Text nun ein zweites Mal genau.
   Markiere dabei mit einem blauen Stift alle Aspekte, die zugunsten von Computerspielen angeführt werden, und mit einem roten Stift alle Aspekte, die gegen Computerspiele angeführt werden.

© 2017 Cornelsen Verlag GmbH, Berlin. Alle Rechte vorbehalten.

Die Vervielfältigung dieser Seite ist für den eigenen Unterrichtsgebrauch gestattet. Für inhaltliche Veränderungen durch Dritte übernimmt der Verlag keine Verantwortung.

Aufgaben

3. Hake in der folgenden Liste alle Aspekte ab, die du auch gefunden hast:

Zugunsten der Computerspiele könnte man vorbringen, dass sie …	☑
… mittlerweile ein wichtiger Wirtschaftsfaktor sind.	
… von den meisten Bevölkerungsgruppen in Deutschland gespielt werden.	
… in anderen Ländern anerkannter sind.	
… die Schulleistungen nicht nachweislich beeinträchtigen.	
… die Teamfähigkeit fördern.	
… die Reaktionsfähigkeit und das Wahrnehmungsvermögen steigern.	
… sich von anderen Medien, die den Alltag bestimmen, nicht unterscheiden.	

Gegen Computerspiele könnte man vorbringen, dass sie …	☑
… brutale Inhalte transportieren („Killerspiele"), die die Spieler abstumpfen lassen.	
… ein Suchtpotenzial haben und abhängig machen können.	

4. Stellt in eurer Klasse eine Rangliste der Pro-Argumente auf: Welches Argument überzeugt euch am meisten, welches am wenigsten?

5. Nutze die Pro-Argumente nun dafür, eigene Kontra-Argumente zu formulieren.
   Du kannst den Pro-Argumenten direkt widersprechen oder auch auf Lücken
   in der Argumentation hinweisen. Gehe so vor:
   Wiederhole in deinem Heft jeweils zuerst das Pro-Argument und leite dein Gegen-Argument
   dann mit einer passenden Konjunktion ein, z. B.:

   Computerspiele werden von fast allen Bevölkerungsgruppen genutzt, **aber** …

   Du kannst die folgenden Konjunktionen und Ideen nutzen:

   > **Entgegensetzende (adversative) Konjunktionen**
   > aber – hingegen – jedoch – sondern – indessen
   >
   > **Ideen für Gegenargumente:**
   > • Alter der jüngsten Spieler
   > • viele Computerspiele sind keine Teamspiele
   > • zeitlicher Umfang der Spiele im Alltag
   > • Tischtennis z. B. fördert Reaktion und Wahrnehmung

© 2017 Cornelsen Verlag GmbH, Berlin.
Alle Rechte vorbehalten.

Die Vervielfältigung dieser Seite ist für den eigenen Unterrichtsgebrauch gestattet.
Für inhaltliche Veränderungen durch Dritte übernimmt der Verlag keine Verantwortung.

Argumentationstraining: Was soll das kosten?

Das vorgeschlagene Thema liegt dir nicht? Das kommt schon mal vor. Aber um dem vorzubeugen, kannst du hier gleich aus drei Themenvorschlägen wählen und zusätzlich noch selbst die Methode aussuchen, mit der du das Argumentieren trainieren willst.

Aufgabe

1. Mit den Seiten 30 und 31 kannst du das Argumentieren üben. Gehe dabei so vor:
   - Lies die Themenvorschläge A, B und C und wähle ein Thema aus.
   - Entscheide dich dann für eine der drei Methoden, indem du „leicht", „mittel" oder „schwer" ankreuzt.
   - Übe das Argumentieren nun anhand des Textes (A, B oder C) und der Methode deiner Wahl.

THEMENWAHL

A: Zahl, so viel du willst!
Der Zoo in Münster hatte eine Idee: Die Besucher sollen den Eintrittspreis selbst bestimmen. Seither erzielt man Einnahmerekorde. Wie kann das sein?

B: Amazon will Autoren nach gelesenen Seiten bezahlen!
Die Honorare für Autoren berechnen sich dann nicht mehr nach dem gelesenen Buch, sondern nach der Anzahl der tatsächlich gelesenen Seiten.

C: Schafft die Eintrittsgelder ab!
Viele Museen in London und Paris sind wieder kostenlos zugänglich. Worauf warten die deutschen Städte eigentlich noch?

METHODENWAHL

☐ **Leicht:** Nimm dir eine Kopie des Textes A, B oder C und markiere darin die Pro- und Kontra-Argumente mit unterschiedlichen Farben.	☐ **Mittel:** Verwende die im gewählten Text fett gedruckten Wörter und formuliere mit ihrer Hilfe Thesen für und gegen die genannte Art der Vergütung.	☐ **Schwer:** Zeichne eine Mindmap zum Thema A, B oder C auf einem A4-Blatt. Notiere danach Thesen für und gegen die genannte Art der Vergütung.

© 2017 Cornelsen Verlag GmbH, Berlin.
Alle Rechte vorbehalten.

Die Vervielfältigung dieser Seite ist für den eigenen Unterrichtsgebrauch gestattet.
Für inhaltliche Veränderungen durch Dritte übernimmt der Verlag keine Verantwortung.

Illustration:
Nils Fliegner, Hamburg

29

Fortsetzung auf Seite 30

© 2017 Cornelsen Verlag GmbH, Berlin.
Alle Rechte vorbehalten.

Die Vervielfältigung dieser Seite ist für den eigenen Unterrichtsgebrauch gestattet.
Für inhaltliche Veränderungen durch Dritte übernimmt der Verlag keine Verantwortung.

A Marlies Uken: Zahl, so viel du willst! (2013)

Wenn es **Winter** wird, gehen die meisten Menschen **nicht gerne** in den **Zoo**. Es ist kalt, grau, der Kiosk hat geschlossen, die Tiere sind kaum zu sehen. Deutsche Zoos im Dezember: Das bedeutet Tristesse auf der Elefantenwiese und kurze Schlangen an den Kassen.

In Münster war das diesen Winter anders. Mehr als 56 000 Menschen kamen im Dezember und der ersten Januarwoche in den Zoo – fünf Mal so viele wie im Jahr zuvor. Es war sogar der beste Dezember seit 1974. Da wurde der Zoo eröffnet.

Was war passiert? Die Zooleitung hatte ihr Preissystem gelockert. Statt eines festen Eintrittspreises sollten die Besucher plötzlich nur so viel zahlen, wie sie wollten. *Pay-what-you-want* nennt sich das Prinzip. Zahle so viel Eintritt, wie du willst, im Zweifel sogar nichts. Der **Kunde** bekommt die maximale **Kontrolle**. Und der Zoo? „Der Dezember ist schon immer ein schwacher Monat", sagt die Sprecherin Ilona Zühlke. **„Wir hatten einfach nichts zu verlieren."**

14 Euro kostete ein normales Ticket für Erwachsene im Münsteraner Zoo früher. Jetzt war der Preis frei wählbar – und offenbar den meisten zu hoch. 4,76 zahlten die Besucher im Durchschnitt. Ein Besucher zahlte zwar 30 Euro, aber die meisten gaben weniger.

Dennoch ging die Rechnung des Zoos auf. **Die Masse machte es**: Weil deutlich mehr Besucher kamen, stiegen nicht nur die Einnahmen an der Kasse, sondern **auch in der Caféteria und auf dem Parkplatz** des Zoos. Insgesamt nahm der Zoo 2,5-mal so viel Geld ein. „Ein voller Erfolg" sei die Aktion gewesen, sagt Zühlke. Heute wirbt der Zoo damit, weltweit die größte Aktion dieser Art organisiert zu haben.

Die Idee hatte kein Mitarbeiter des Zoos, sondern ein Wissenschaftler: Marcus Kunter, Marketingspezialist an der RWTH Aachen. Kunter forscht seit Jahren zu ungewöhnlichen Preismodellen. Das Modell *Pay-what-you-want* sei noch kaum erforscht, sagt er. Nur wenige Lehrstühle haben sich in Deutschland bisher mit dem Prinzip befasst.

[…] Kunters Forschung zeigt auch, dass die Kunden das Angebot nie komplett ausnutzen. Auch in Münster zahlte kaum jemand gar nichts. Die meisten Besucher fanden offenbar einen Betrag zwischen fünf und zehn Euro für einen Zoobesuch angemessen. „Viele wollen zwar ein **Schnäppchen** machen, aber auch einen fairen Preis zahlen", sagt Kunter. „Dieser **Gerechtigkeitsgedanke** ist stark verwurzelt."

Aus: DIE ZEIT vom Januar 2013; http://www.zeit.de/wirtschaft/ 2013-01/pay-what-you-want/komplettansicht

B Andreas Brohme: Amazon will Autoren nach gelesenen Seiten bezahlen (2015)

Je dicker das Buch, desto höher der Ertrag für den Autor? So war es bei Kindle E-Books, die über Amazon ausgeliehen wurden, bisher nicht. **Nur die Anzahl der Ausleihen zählte.** Das fanden – nach Angaben des Konzerns – viele Autoren **ungerecht**.

Für die Autoren der Self-Publishing-Plattform KDP Select startet Amazon deshalb am 1. Juli in den USA ein neues Abrechnungssystem: Es soll die Höhe der Ausschüttungen für geliehene Kindle-E-Books abhängig machen von der Zahl der **tatsächlich gelesenen Seiten**.

Ob ein Roman oder Sachbuch nun 15 Seiten hatte oder 1500, das war bei der bisherigen Abrechnungsmethode der E-Book-Flatrate-Services Kindle Leihbücherei und Kindle Unlimited in der Vergangenheit irrelevant. Auch, wie viel ein Leser vom 1500-Seiten-Schinken tatsächlich gelesen hat. Die Vergütung für die Schriftsteller war allein abhängig von der Zahl der Ausleihen. […]

Aber was genau ist denn eine Seite in einem Kindle-Buch? Da sich Schrifttyp und -größe individuell einstellen lassen, gibt es ja eigentlich keine Seitenzahlen bei diesen Geräten, der **Lesefortschritt wird in Prozent angegeben**. […]

Wer jetzt seinen Lieblingsautoren etwas Gutes tun will und ihre Veröffentlichungen im Schnellverfahren durchblättert, scheitert: Die **Verweildauer** auf jeder Seite wird auch gemessen. Ist der Text so gut, dass Leser ihn noch einmal lesen möchten, bringt das dem Autor allerdings nichts: Für die **zweite Lesung wird nichts ausgezahlt**.

Was solch ein Vergütungssystem für die Literatur bedeuten könnte, darüber spekuliert die US-Zeitung „The Atlantic": **„Cliffhanger und Geheimnisse** werden quer durch alle Genres **belohnt**, genauso wie alles, was Menschen süchtig hält. Auch wenn das bedeutet, dass Autoren **weniger Betonung auf Nuancen und Komplexität** legen."

http://www.spiegel.de/netzwelt/gadgets/amazon-bezahlt-e-book-autoren-nach-gelesenen-seiten-a-1040069.html

C Hanno Rauterberg: Schafft die Eintrittsgelder ab! (2008)

Heute ist das **Museum** ein Ort der **Abgrenzung**, der unsichtbaren **Sozial- und Klassenschranken**. Ähnlich wie in der deutschen Schule bleiben auch im deutschen Museum die **Gebildeten** und **Wohlha-**
5 **benden** unter sich. Wer als Kind mit seinen Eltern gelegentlich eine Ausstellung besuchte, wird dasselbe auch mit seinen Kindern tun. Wer gerne liest, ins Theater geht oder im Chor singt, dem ist auch das Museum nicht fremd. Alle anderen hingegen bleiben
10 fern.

Die **Akademiker** sind in aller Regel deutlich in der Überzahl, die weniger gut Gebildeten finden hingegen nur selten ins Museum. Lediglich drei bis vier Prozent der Besucher haben einen Hauptschulab-
15 schluss, stellt eine Studie des Instituts für Museumskunde fest. Weniger als fünf Prozent sind Facharbeiter. Wer also zu Rembrandt oder Beuys geht, kann sicher sein: Er trifft auf seinesgleichen.

[…] Als in den Londoner Museen 2001 **kein Ein-**
20 **tritt** mehr erhoben wurde, stiegen die **Besucherzahlen** binnen eines Jahres um 62 Prozent, im Victoria and Albert Museum sogar um **157 Prozent**. Ähnliche Erfolge vermeldete Stockholm: Nach Aufhebung der Zahlpflicht kamen doppelt so viele Men-
25 schen ins Moderna Museet wie zuvor. Um diesen kulturellen Reingewinn von 100 Prozent zu finan-

zieren, musste das Kultusministerium den Etat des Museums lediglich um zehn Prozent erhöhen. Das allerdings erschien der Mitte-rechts-Regierung, die 2006 antrat, unverhältnismäßig viel zu sein. Seither 30 werden wieder Tickets verkauft – mit der Folge, dass sich die Besucherzahlen halbiert haben! […]

Manch einer mag einwenden, die Museen sollten sich doch bitte schön **nicht unter Wert verkaufen**. Und einen Wert besäße nur, was auch etwas koste. 35 Allerdings ignoriert er damit die Erfahrungen etwa in England. Dort muss das Publikum für Sonderausstellungen weiterhin kräftig zahlen; dennoch – oder gerade deshalb – haben die **ständigen Sammlungen enorm an Attraktivität gewonnen**. 40

Auch darf man nicht vergessen, dass ein Museum die Besucher selbst dann etwas kostet, wenn ihnen der Ticketkauf erlassen wird: Sie müssen ihre Zeit investieren, Geduld und Neugier, Ausdauer und Konzentration. Der Betrachter soll lesen und lernen, 45 soll sich einlassen auf vertrackte Objekte, sich öffnen für die ästhetische Erfahrung. Ein hoher Preis, wenn man es recht bedenkt. Er ist es, der den Wert des Museums ausmacht. Worauf also warten?

Aus: DIE ZEIT Nr. 06/2008
http://www.zeit.de/2008/06/Museumseintritt/komplettansicht

© 2017 Cornelsen Verlag GmbH, Berlin.
Alle Rechte vorbehalten.

Die Vervielfältigung dieser Seite ist für den eigenen Unterrichtsgebrauch gestattet.
Für inhaltliche Veränderungen durch Dritte übernimmt der Verlag keine Verantwortung.

Illustration:
Nils Fliegner, Hamburg

Zusammenhängend schreiben I –
Den Inhalt fest im Blick

Ob du nun informierst oder argumentierst, du solltest in deinen Texten immer darauf achten, dass du den berühmten roten Faden nicht verlierst. Denn dieser inhaltliche Leitfaden hilft nicht nur dir, bei der Sache zu bleiben, sondern auch deinen Lesern, deinen Text zu verstehen.

Aufgaben

1. Lest den folgenden Anfang eines Schülervortrags zum Thema „Einen Vortrag vorbereiten und halten". Tauscht euch anschließend in Partnerarbeit darüber aus, was euch aufgefallen ist.

Heute möchte ich einen Vortrag darüber halten, wie man einen Vortrag vorbereiten und halten sollte. Weil wir das alle ja schon tausend Mal gemacht haben und sowieso können, ist mir dazu, ehrlich gesagt, nicht viel eingefallen. Gerade zum Thema Vorbe-
5 reitung ist, glaube ich, alles gesagt. Interessanter erscheint mir ohnehin Teil 2 der Aufgabe, denn hier geht es immerhin darum, wie man auf andere wirkt. Bei einer Castingshow ist mir aufgefallen, dass die Kandidaten überwiegend positiv eingeschätzt werden, wenn sie selbstbewusst auftreten und keine Angst vor der Jury und
10 dem Publikum haben. Mancher, der zum Beispiel eine gute Stimme hat, aber schüchtern ist, fällt dagegen gnadenlos durch. Es kommt also oft gar nicht auf das Talent an, sondern darauf, wie man sich verkauft. Was ich sagen wollte: Bezieht eure Zuhörerinnen und Zuhörer mit ein, achtet auf eure Körpersprache und sucht
15 den Blickkontakt. Die Redezeit ist auch wichtig. Aber dazu komme ich erst später. Jetzt sage ich erstmal etwas zur Überzeugungskraft von Argumenten …

2. Informiere dich in der Tabelle über die inhaltlichen Gesichtspunkte: Konsistenz, Stringenz und Kohärenz. Fasse jeweils auf der rechten Seite der Tabelle so kurz wie möglich zusammen, was unter diesen Kriterien zu verstehen ist.

Konsistenz: Die einzelnen Aussagen, die du triffst, müssen zueinander passen. Sie dürfen sich nicht widersprechen.	*Konsistenz: Widersprüche vermeiden!*
Stringenz: Alles, was nicht zum Thema gehört, muss weggelassen werden.	*Stringenz:*
Kohärenz: Alle notwendigen Informationen, die der Leser braucht, um zu verstehen, was du sagen willst, musst du ihm auch geben. Gehe nicht von der Annahme aus, „Das weiß doch jeder!", und lasse daraufhin Informationen weg.	*Kohärenz:*

3. Lies nun noch einmal den Vortrag aus Aufgabe 1 und überprüfe ihn hinsichtlich seiner Konsistenz, Stringenz und Kohärenz.
   a) Passen alle Aussagen inhaltlich zusammen? Markiere Widersprüche.
   b) Streiche alle Abschweifungen.
   c) Notiere in Stichpunkten neben dem Text, welche wichtigen Informationen fehlen.

© 2017 Cornelsen Verlag GmbH, Berlin. Alle Rechte vorbehalten.

Die Vervielfältigung dieser Seite ist für den eigenen Unterrichtsgebrauch gestattet. Für inhaltliche Veränderungen durch Dritte übernimmt der Verlag keine Verantwortung.

Zusammenhängend schreiben II –
Personal- und Demonstrativpronomen

Pronomen sind sehr hilfreich, wenn es darum geht, einen schönen und abwechslungsreichen Text zu formulieren. Du musst dabei aber immer darauf achten, dass der inhaltliche Zusammenhang eindeutig ist.

Aufgaben

1. Verwende Personal- und Demonstrativpronomen richtig.

> **Personalpronomen** ersetzen meist ein Nomen: *ich, du, er, sie, es, wir, ihr, sie.*
> **Demonstrativpronomen** weisen auf jemanden oder etwas hin: *dieses, jenes.*

a) Lies die folgenden Sätze. Verändere dann jeweils den zweiten Satz, indem du einmal ein Personalpronomen und einmal ein Demonstrativpronomen für „die Katze" einsetzt.

Ich hatte eine graue **Katze. Die Katze** hielt sich nachts am liebsten draußen auf.

Formulierung mit Personalpronomen: _____

_____

Formulierung mit Demonstrativpronomen: _____

_____

2. Erkläre, warum der Inhalt in der folgenden Formulierung nicht ganz eindeutig ist, und schreibe eine unmissverständliche Variante auf.

Ich hatte eine graue Katze. Meine Freundin Melanie hatte sie sehr gern. **Sie** hielt sich nachts am liebsten draußen auf.

_____

_____

3. Bearbeite die folgenden Sätze im Zusammenhang. Setze für die fettgedruckten Wörter und Wortgruppen entweder ein passendes Pronomen ein oder verwende ein Nomen, um Missverständnisse zu vermeiden

Das Haus steht am Strand. **Das Haus** ist ein schönes Haus, groß und prächtig.

_____

Ein Spaziergänger bleibt ein Weilchen stehen und rätselt, wer wohl darin wohnen mag. **Er** ist offensichtlich wohlhabend.

_____

_____

Hans beobachtet **ihn** ein Weilchen von seinem Tretboot aus. Was will **der Spaziergänger** da überhaupt? **Er** beschließt umzukehren, er muss ohnehin nach Hause.

_____

_____

_____

© 2017 Cornelsen Verlag GmbH, Berlin. Alle Rechte vorbehalten.

Die Vervielfältigung dieser Seite ist für den eigenen Unterrichtsgebrauch gestattet. Für inhaltliche Veränderungen durch Dritte übernimmt der Verlag keine Verantwortung.

Zusammenhängend schreiben III –
Sätze verknüpfen

Auch innerhalb eines Satzes ist es wichtig, auf den logischen Zusammenhang zu achten. Wenn du weißt, was du sagen willst, ob du z. B. einen Widerspruch aufzeigen oder einen Grund angeben willst, kannst du auch ein Wort finden, das ganz genau diesen Zusammenhang verdeutlicht. Auf dieser Seite findest du Verknüpfungswörter für fast alle Fälle.

Aufgabe

1. Welchen logischen Zusammenhang kündigen die folgenden Wörter an?
   Ordne sie in die „Große Tabelle der Verknüpfungswörter" ein.

Verknüpfungswörter:
aber, allerdings, als, anschließend, bevor, beziehungsweise, bis, da, dadurch, dafür, darauf, darum, dazu, denn, dennoch, damit, ehe, einerseits … andererseits, entweder … oder, falls, folglich, jedoch, nachdem, obgleich, obschon, obwohl, obzwar, oder, seit, seitdem, sobald, sodass, sofern, solange, sondern, sonst, sooft, sowie, sowohl … als auch, trotzdem, um zu, und, vorher, während, währenddessen, weder … noch, weil, wenn, wenn auch, wenn … dann, wenngleich

---

Große Tabelle der Verknüpfungswörter	
aneinanderreihend:	beziehungsweise,
entgegensetzend:	aber,
einschränkend und einräumend:	allerdings,
begründend:	darum,
zeitlich:	als,
alternativ, mehrere Möglichkeiten angebend:	entweder … oder,
Ziel und Zweck verfolgend:	damit,
eine Bedingung angebend:	falls,

© 2017 Cornelsen Verlag GmbH, Berlin.
Alle Rechte vorbehalten.

Die Vervielfältigung dieser Seite ist für den eigenen Unterrichtsgebrauch gestattet.
Für inhaltliche Veränderungen durch Dritte übernimmt der Verlag keine Verantwortung.

Richtig zitieren

Beim materialgestützten Schreiben sollst du dich, wie es der Name schon sagt, auf Materialien stützen. Es ist also ausdrücklich erwünscht, bestimmte Aussagen aus den gegebenen Texten (Materialien) zu verwenden. Allerdings musst du diese Übernahmen auch kennzeichnen, damit deine Leser wissen, von wem eine Aussage oder ein Gedanke stammt und wo genau du diese Aussage oder diesen Gedanken gefunden hast.

Aufgaben

1. Informiere dich in der folgenden Tabelle über die Bedeutung von Abkürzungen und Zeichen, die man beim Zitieren verwendet.

Abkürzung/Zeichen	Bedeutung
„ "	Hier wird wörtlich (auch: direkt) zitiert, also genau so, wie es im Material steht. Der Leser muss sich darauf verlassen können, dass nichts verändert wurde.
vgl.	Hier wird sinngemäß (auch: indirekt) zitiert. Der Autor hat Inhalte des Materials für den Leser zusammengefasst oder umschrieben.
3–5	Zitiert werden die Zeilen 3 bis 5.
3 f.	Zitiert wird die Zeile 3 und die folgende Zeile, also die Zeilen 3 und 4.
3 ff.	Zitiert wird die Zeile 3 und einige weitere Zeilen.
[...]	Hier wurde im wörtlichen Zitat etwas ausgelassen. Diese Auslassung sollte der Übersichtlichkeit oder der Konzentration auf eine bestimmte Aussage dienen.
er [die Hauptperson]	Wenn bei einem wörtlichen Zitat der Zusammenhang nicht klar ist, wird dieser in eckigen Klammern ergänzt.
des Internet[s]	Wenn zitiert wird und das Zitat nicht in den eigenen Satzbau passt, dürfen Kasusendungen in eckigen Klammern ergänzt werden.

2. Welches Zitat passt zu welcher Belegstelle? Lies die Materialien 1 und 2 auf Seite 36 und verbinde Zitat und Belegstelle.

Experten sind uneins darüber, ob Online-Shopping der Umwelt schadet.	M 2, Z. 16
Das Einkaufen im wirklichen Supermarkt ist leichter, denn hier „wandert man [...] umher und füllt den Korb."	M 2, Z. 18
Im Rechenbeispiel wird der Online-Kauf wegen des „Versand[s] 23 Prozent teurer."	vgl. M 1, Z. 1 f.
Es könne schnell gehen, dass eine „Stunde [beim Online-Kauf] um" sei.	vgl. M 1, Z. 11–15
Die Heimlieferung von Lebensmitteln funktioniert bereits bei den Gemüsekisten.	M 2, Z. 2 f.

© 2017 Cornelsen Verlag GmbH, Berlin. Alle Rechte vorbehalten.

Die Vervielfältigung dieser Seite ist für den eigenen Unterrichtsgebrauch gestattet. Für inhaltliche Veränderungen durch Dritte übernimmt der Verlag keine Verantwortung.

Fortsetzung auf Seite 36

Aufgaben

3. Zitiere passend zu dem Zeichen und der Abkürzung. Nutze Material 1 oder Material 2.

„   “: _____

_____

vgl.: _____

_____

 M 1   **Pro Online-Shopping**

Tina Klopp: Online-Shopping bringt den Supermarkt nach Hause (2011)

Zwar streiten die Experten noch, ob Online-Shopping gut für die Umwelt ist. Aber man stelle sich einmal vor, alle Bewohner eines einzigen Mietshauses ließen sich den Einkauf bringen, statt
5 einzeln in ihre Porsches und Geländemobile zu steigen und vor dem Supermarkt zu parken – das muss sich ökologisch doch rentieren! Und die Effizienz-Gewinne des Lieferservice sind umso größer, je mehr Menschen mitmachen, je dichter also der Fah-
10 rer sein Netz knüpfen und unnötige Wegstrecken vermeiden kann. Schließlich lohnen sich angeblich auch die sogenannten Gemüsekisten, die derzeit noch weitaus weniger Menschen bestellen: ökobewusste Bürger, die sich Obst- und Gemüse aus der
15 Region direkt an die Haustür liefern lassen.

Außerdem frisst ein Einkauf wertvolle Lebenszeit. 41 Prozent benötigen über eine Stunde pro Woche, 19 Prozent brauchen sogar mehr als zwei Stunden. Einer Studie des Elite News Instituts zufolge, die der Online-Lebensmittellieferant froodies in Auftrag 20 gegeben hat, ärgern sich 52 Prozent der Verbraucher über lange Wartezeiten an der Kasse. Angeblich verbringen Menschen im Laufe ihres Lebens ganze fünf Jahre damit, auf etwas zu warten. Da ist es doch viel angenehmer, zu Hause Radio hören oder Zei- 25 tung lesen zu können, statt an einer Supermarktkasse zu stehen, den Wagen des Hintermanns in den Kniekehlen.

http://www.zeit.de/digital/internet/2011–05/online-shopping-supermarkt/komplettansicht

---

 M 2   **Kontra Online-Shopping**

Martin Ganteföhr: Online-Shopping verursacht Müllprobleme (2011)

Online-Läden sind alles andere als bequem. Im echten Supermarkt wandert man intuitiv umher und füllt den Korb. Im Netz muss man denken wie vor Excel: Warengruppen und Listen scrollen, Seiten blättern,
5 Packungsgrößen vors geistige Auge halten. Drei Bücher bei Amazon? Sind ruckzuck bestellt. 30 Lebensmittel aus der Datenbank zu klauben, kostet Zeit. Und Geld, denn die Preise sind nicht niedrig. Nach 45 Minuten Shopsurfen: gestresster Blick zur
10 Uhr und in den Warenkorb. Fertig? Wie voll ist diese Einkaufskarre? Schwer zu sagen, wenn alles Liste ist. Sei's drum, zur Kasse, 6,90 EUR Stan-

dardversand, dazu 3 Euro „Kühlaufschlag" und 3 EUR Expressgebühr, damit die Eier wirklich vor Ostern da sind. 15
Nach dem Abschicken: Effizienzüberlegungen. Eine Stunde ist um, mein 55-EUR-Einkauf ist durch den Versand 23 Prozent teurer geworden. Die ergänzende Bestellung bei Amazon wird gestrichen: 26 EUR Versandkosten für gefrostete Hähnchenbrust, Bier 20 und Brot? Das Ganze verstreut auf drei Lieferungen? Nein.

http://www.zeit.de/digital/internet/2011–05/online-shopping-oeko bilanz/komplettansicht

---

4. Formuliere einen Text zu der Frage „Lohnt sich Online-Shopping?" Füge in deinen Text fünf Zitate unterschiedlicher Art ein. Du kannst deine Zitate im Text
   • voranstellen: „Online-Läden sind alles andere als bequem" (M 2, Z. 1), sagt Martin Ganteföhr.
   • nachstellen: Martin Ganteföhr sagt: „Online-Läden sind alles andere als bequem" (M 2, Z. 1) oder
   • einfügen: Ganteföhr sagt, dass „Online-Läden […] alles andere als bequem" (M 2, Z. 1) sind.

© 2017 Cornelsen Verlag GmbH, Berlin. Alle Rechte vorbehalten.

Die Vervielfältigung dieser Seite ist für den eigenen Unterrichtsgebrauch gestattet. Für inhaltliche Veränderungen durch Dritte übernimmt der Verlag keine Verantwortung.

Vom Begriff zum Lexikoneintrag

Üblicherweise schreibst du einen Lexikoneintrag beim materialgestützten Schreiben natürlich auf der Grundlage von Texten, die dich mit den nötigen Informationen versorgen. Aber du kannst das Schreiben eines Lexikonartikels genau so gut trainieren, wenn du von einem einzelnen Kernbegriff oder Schlüsselbegriff ausgehst. Einzige Voraussetzung: Du musst bereits etwas zu diesem Begriff wissen.

Aufgaben

1. Zu drei der folgenden Begriffe sollst du einen Lexikoneintrag schreiben. Wähle Begriffe aus, von denen du denkst, dass du sie gut erklären und beschreiben kannst.

Muße Flatrate Wahlrecht Vegetarismus Diskriminierung Konsumverzicht Erfolg Doping Gleichheit Sicherheit Leistungssport Wohlstand Internetnutzung Freundschaft Fastfood Glück Armut Lesen Sucht Schuluniform Ganztagsschule Zensur Kunst Stress

2. Nähere dich deinen Begriffen inhaltlich an, indem du sie zunächst von anderen Begriffen abgrenzt, z. B.:

Freundschaft ist nicht: Liebe, Sportkameradschaft, …
Vegetarismus ist nicht: Veganismus, …

Begriff 1: _____

_____

_____

Begriff 2: _____

_____

_____

Begriff 3: _____

_____

_____

Die Vervielfältigung dieser Seite ist für den eigenen Unterrichtsgebrauch gestattet. Für inhaltliche Veränderungen durch Dritte übernimmt der Verlag keine Verantwortung.

© 2017 Cornelsen Verlag GmbH, Berlin. Alle Rechte vorbehalten.

Fortsetzung auf Seite 38

Aufgaben

3. Halte jeweils in einem Cluster fest, was deine Begriffe genau beschreiben.

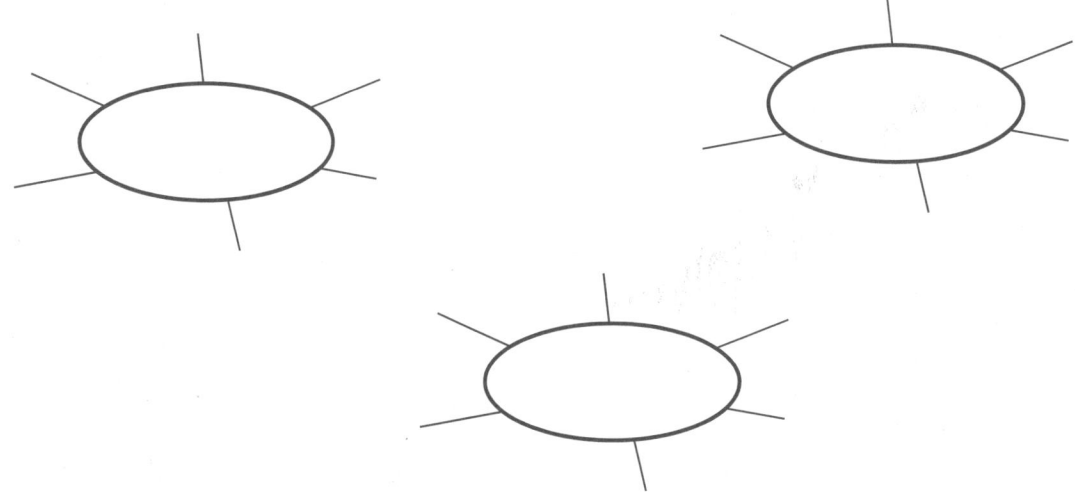

4. Notiere – falls du diese Angabe machen kannst – aus welcher Ursprungssprache deine Begriffe stammen, z. B.:

   Das Wort „Zensur" stammt von dem lateinischen Wort „censura" ab.

   _____

   _____

   _____

5. Definiere nun einen deiner drei Begriffe in einem selbst verfassten Lexikoneintrag. Dein Eintrag sollte knapp und sachlich formuliert sein.

   _____

   _____

   _____

   _____

   _____

   _____

   _____

   _____

6. Stellt euch eure Lexikoneinträge in der Klasse gegenseitig vor und überprüft dabei, ob es euch gelungen ist, verständlich und nachvollziehbar zu formulieren. Überarbeitet eure Einträge gegebenenfalls.

© 2017 Cornelsen Verlag GmbH, Berlin. Alle Rechte vorbehalten.

Die Vervielfältigung dieser Seite ist für den eigenen Unterrichtsgebrauch gestattet. Für inhaltliche Veränderungen durch Dritte übernimmt der Verlag keine Verantwortung.

Auf das Publikum eingehen

Bei einer Rede kommt es ganz entscheidend darauf an, zu wem du sprichst. Ob du dich nun an Gleichaltrige oder an Erwachsene wendest, deine Worte sollten immer zu deinem Publikum passen. Schließlich willst du deine Zuhörer mit deiner Rede ja erreichen und überzeugen.

Aufgabe

1. Ergänze die Tabelle:
   - Notiere in der linken Spalte die folgenden Stichpunkte.
     Lies dazu die mittlere und die rechte Tabellenspalte.

     wichtige Begriffe – Satzbau – Anrede – Beispiel/Vergleich – Wortwahl am Beispiel der Einleitung

   - Ergänze zu den Stichpunkten „Beeinflussung" und „Schluss" in der mittleren und rechten Tabellenspalte passende Beispiele.

	Jugendliche:	Erwachsene:
	du	Sie
	auf eher einfache und direkte Weise Interesse wecken: *Ich stelle euch heute das tolle neue Spiel der Robotik-AG vor.*	mit einer etwas gehobenen Sprache Interesse wecken: *Es ist mir eine Freude, Ihnen heute die neueste Entwicklung unserer Arbeitsgruppe zu präsentieren.*
	klare Aussagen: *Auf dieses Spiel haben wir alle lange gewartet.* *Dieses Spiel, das nur noch in Kleinigkeiten verbessert wird, ist ein echter Durchbruch.*	komplexere Aussagen: *Mit diesem Spiel, dem Ergebnis monatelanger Forschungsarbeit, haben wir einen Durchbruch erzielt.*
	häufig wiederholen: *Spiel, Spiel, Spiel* *Durchbruch, Durchbruch, Durchbruch*	Synonyme verwenden: *neue Technik, Errungenschaft, Forschungsergebnis, wissenschaftliche Leistung*
	aus dem Leben der Zuhörer: *Das Problem kennt ihr sicher alle von euren Computerspielen.*	aus dem Leben der Zuhörer: *Diese Entwicklung beobachten wir so ähnlich auch in der Autoindustrie.*
Beeinflussung	unmissverständlich:	versteckter:
Schluss	ein Aufruf:	eine originelle Zuspitzung:

Die Vervielfältigung dieser Seite ist für den eigenen Unterrichtsgebrauch gestattet.
Für inhaltliche Veränderungen durch Dritte übernimmt der Verlag keine Verantwortung.

© 2017 Cornelsen Verlag GmbH, Berlin.
Alle Rechte vorbehalten.

Fortsetzung auf Seite 40

Aufgabe

2. Halte eine Stegreif-Rede zum Thema E-Book. Gehe so vor:
   - Lies den Text von Umberto Eco. Er soll dir als Grundlage für deine Rede dienen.
   - Entscheide dich für ein Publikum (jugendlich = mittlere Tabellenspalte; erwachsen = rechte Tabellenspalte) und halte deine Rede entsprechend.

Umberto Eco: Bücher zum Nachschlagen und Bücher zum Lesen (1994)

Die Bücher zum Lesen sind durch keinerlei elektronisches Speichermedium ersetzbar. Sie lassen sich überall in die Hand nehmen, auch im Bett, auch in einem Boot, auch dort, wo es keine Steckdosen gibt,
5 auch dann, wenn jede Batterie leer ist, man kann in ihnen etwas unterstreichen, eine Seite einknicken, ein Lesezeichen hineinlegen, man kann sie auf den Boden fallen- oder aufgeschlagen auf die Brust oder auf die Knie sinken lassen, wenn einen der Schlaf
10 überkommt, sie passen in die Jackentasche, sie können angestoßen werden, sie nehmen ein individuelles Aussehen an, je nach der Intensität und Regelmäßigkeit unserer Lektüre, sie erinnern uns daran (wenn sie zu frisch und unberührt aussehen), dass
15 wir sie noch nicht gelesen haben, sie lassen sich in der von uns gewünschten Kopfhaltung lesen, ohne uns die starre und angespannte Haltung vor einem Computerbildschirm aufzuzwingen, der in jeder Hinsicht bequem und benutzerfreundlich sein mag,
20 nur nicht für die Halswirbelsäule. Versuchen Sie mal, die ganze *Göttliche Komödie* an einem Bildschirm zu lesen, auch bloß eine Stunde pro Tag, und dann sagen Sie mir, wie es war.

Das Buch zum Lesen gehört zu jenen Wundern einer
25 vollendeten Technologie, zu denen auch das Rad, das Messer, der Löffel, der Hammer, der Topf und das Fahrrad gehören. Das Messer ist schon sehr früh erfunden worden, das Fahrrad erst ziemlich spät. Aber so sehr sich die Designer auch bemühen, ir-
30 gendein Detail zu verändern; im Kern bleibt das Messer immer dasselbe. Es gibt Maschinen, die den Hammer ersetzen, aber für bestimmte Dinge wird man immer etwas brauchen, was dem ersten je-mals·auf Erden erschienenen Hammer gleicht. Man
35 kann ein überaus raffiniertes Gangschaltungssystem erfinden, aber das Fahrrad bleibt, was es ist: zwei Räder, ein Sattel, Lenker, Pedale. Sonst heißt es Moped und ist eine andere Sache.

In: Derrick oder die Leidenschaft für das Mittelmaß. Streichholzbriefe 1990–2000. Ausgewählt, übersetzt und eingerichtet von Burkhart Kroeber. München und Wien: Carl Hanser Verlag 2000, S. 118f.

© 2017 Cornelsen Verlag GmbH, Berlin.
Alle Rechte vorbehalten.

Die Vervielfältigung dieser Seite ist für den eigenen Unterrichtsgebrauch gestattet.
Für inhaltliche Veränderungen durch Dritte übernimmt der Verlag keine Verantwortung.

Cornelsen

Illustration:
Nils Fliegner, Hamburg

Ein Fahrplan für das materialgestützte Schreiben informierender Texte

Der folgende Fahrplan (Seite 41–43) kann dir von A bis Z als Leitfaden beim materialgestützten Schreiben eines informierenden Textes dienen. Du kannst ihn aber auch punktuell, sozusagen als Nachschlagewerk, nutzen. Tipp: Arbeite in deinem Fahrplan nur mit Bleistift, dann kannst du ihn mehrfach verwenden.

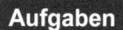
Aufgaben

Schritt 1: Die Aufgabenstellung verstehen

Untersuche die Aufgabenstellungen A, B und C mit Hilfe der ersten Tabellenzeile auf Seite 42. Trage deine Ergebnisse anschließend mit Bleistift in die Tabelle ein.

> A Erarbeite auf Grundlage der Materialien einen kurzen Vortrag für den Biologieunterricht. Informiere deine Klasse über die Bedeutung der Biene für die Pflanzenwelt, die Landwirtschaft und den Menschen.

> B Verfasse für den anstehenden Elternabend ein Informationsblatt, das die Vor- und Nachteile von Laptop-Klassen übersichtlich darstellt. Beziehe dich dabei auf die vorgegebenen Materialien.

> C Schreibe einen Brief an deine Schulleiterin, in dem du darüber informierst, warum Klassenausflüge sinnvoll sind. Greife auf die Materialien zurück und nenne das stärkste Argument zum Schluss.

Schritt 2: Eigene Ideen sammeln

Wähle eine Aufgabenstellung (A, B oder C) aus Aufgabe 1 und notiere in dem Cluster (S. 42), was dir spontan zu deiner Aufgabe einfällt.

Schritt 3: Das Material auswerten

Du kannst die Auswertung eines Materials an vielen Texten dieses Heftes üben. Beachte dabei: Bei der Einschätzung, wie ein Text geschrieben ist, können dir die folgenden Wortpaare oft helfen:

> nüchtern/übertrieben • ernst/heiter • sachlich/unterhaltend • subjektiv/objektiv

Schritt 4: Den Text aufbauen/gliedern

Spiele mit Hilfe des Fahrplans und auf der Grundlage deiner Ergebnisse zu Aufgabe 1 und 2 im Kopf durch, wie du deinen informierenden Text aufbauen könntest.

Schritt 5: Den Text schreiben und überarbeiten

Nutze Punkt 5 (S. 43) des Fahrplans zugleich als Schreibhilfe und als Checkliste.

© 2017 Cornelsen Verlag GmbH, Berlin. Alle Rechte vorbehalten.

Die Vervielfältigung dieser Seite ist für den eigenen Unterrichtsgebrauch gestattet. Für inhaltliche Veränderungen durch Dritte übernimmt der Verlag keine Verantwortung.

Fortsetzung auf Seite 42

Ein Fahrplan für das materialgestützte Schreiben informierender Texte

1. Die Aufgabenstellung verstehen

1.1 Wie lautet das Thema des Textes?

_____

_____

_____

_____

_____

1.2 Welchen Aufbau / welche Gliederung legt die Aufgabe nahe? Kreuze an.

☐ gleichwertige Reihung von Aspekten

☐ steigernde Reihung von Aspekten

☐ Ursachen und Folgen

☐ pro/kontra

☐ Sonstiges:

_____

_____

1.3 An wen richtet sich der Text?

_____

_____

_____

1.4 Welche Textsorte wird verlangt?

_____

_____

2. Eigene Ideen sammeln

THEMA

3. Das Material auswerten

3.1 Auswertung und Einschätzung	**3.2** Eigene Ergänzungen, z. B.: *Ideen, Widersprüche, Fragen, Beispiele, Hintergrundwissen, persönliche Erfahrungen*
M 1 Inhaltlicher Schwerpunkt: Einzelheiten: Einschätzung des Materials (der Quelle):	**M 1**
M 2 Inhaltlicher Schwerpunkt: Einzelheiten: Einschätzung des Materials (der Quelle):	**M 2**
M 3 Inhaltlicher Schwerpunkt: Einzelheiten: Einschätzung des Materials (der Quelle):	**M 3**
M 4 Inhaltlicher Schwerpunkt: Einzelheiten: Einschätzung des Materials (der Quelle):	**M 4**

© 2017 Cornelsen Verlag GmbH, Berlin.
Alle Rechte vorbehalten.

Die Vervielfältigung dieser Seite ist für den eigenen Unterrichtsgebrauch gestattet.
Für inhaltliche Veränderungen durch Dritte übernimmt der Verlag keine Verantwortung.

Cornelsen

Fortsetzung auf Seite 43

Ein Fahrplan für das materialgestützte Schreiben informierender Texte

4. Den Text aufbauen/gliedern

4.1 Aufbau und Inhalt in Zusammenhang bringen

- Mache dir dein Ergebnis aus ►1.2 noch einmal klar. Welchen Aufbau / welche Gliederung legt die Aufgabenstellung nahe?

_____

_____

- Überlege nun, wie du die Inhalte aus ►2. und ►3. diesem Aufbau / dieser Gliederung zuordnen kannst.

_____

_____

_____

4.2 Inhalte der Gliederung festlegen (Bitte ankreuzen bzw. ausfüllen!)

4.2.1 Idee für die Einleitung:	4.2.2 Aufbau des Hauptteils, z. B.:	4.2.3 Idee für den Schluss:

• Thema nennen
• Kernbegriffe kurz erklären
☐ Zitat
☐ Beispiel
☐ Frage
☐ erstaunliche Zahl
☐ Sonstiges:
	• Gleichwertig gereiht:
	  • Punkt 1
	  • Punkt 2
	  • Punkt 3
	• Steigernd gereiht:
	  • Punkt 1
	  • Wichtigerer Punkt
	  • Wichtigster Punkt
	• Pro/Kontra oder Kontra/Pro
	• Ursachen und Folgen
	• Sonstiges:
		• Zusammenfassung des Gesagten
		☐ Zitat
		☐ Appell
		☐ Ausblick
		☐ eigener Standpunkt
		☐ Sonstiges:

5. Den Text schreiben und überarbeiten

- Prüfe, ob dein Text den Anforderungen von ►1.3 entspricht.
- Verdeutliche, wenn du dich auf Materialien stützt oder beziehst.
- Achte darauf, dass du korrekt zitierst.
- Verwende logische Verknüpfungen (Konjunktionen) bewusst und korrekt.
- Vermeide unübersichtliche Sätze.
- Achte auf eine genaue und klare Wortwahl.

© 2017 Cornelsen Verlag GmbH, Berlin. Alle Rechte vorbehalten.

Die Vervielfältigung dieser Seite ist für den eigenen Unterrichtsgebrauch gestattet. Für inhaltliche Veränderungen durch Dritte übernimmt der Verlag keine Verantwortung.

Steckbriefe zu argumentierenden Texten

In einem argumentierenden Text sollst du Gründe für und/oder gegen eine bestimmte Position aufzeigen und versuchen, andere Menschen zu überzeugen. Drei häufige Textsorten, in denen argumentiert wird, sind Erörterung, Kommentar und Rede. Ihre wichtigsten Merkmale fasst die folgende Tabelle zusammen.

	Gründe aufzeigen ←————————————————→ überzeugen		
Kategorie	**Erörterung**	**Kommentar**	**Rede**
Welche Inhalte werden in diese Textsorte behandelt?	aktuelle, für alle interessante, aber auch knifflige Themen	neue Gedanken zu einem meist aktuellen Thema	Probleme unterschiedlichster Art
Wie stellt die Textsorte ihren Gegenstand dar?	gerechte, ausgewogene Darstellung der Sachverhalte, die für oder gegen etwas sprechen, dann Entscheidung	neue Blickwinkel und Zusammenhänge werden den Lesern eröffnet	die Darstellung eines Problems erfolgt in der Absicht, den Hörer zu überzeugen
In welcher Art äußert die Autorin / der Autor ihre/seine Meinung?	ausgewogene Gegenüberstellung von Für und Wider, dann Entscheidung	deutlich, meist für eine Seite	je nach Absicht: entweder eindeutig **oder** die verschiedenen Seiten eines Problems abwägend
Auf welche Art will die Autorin / der Autor überzeugen?	mit nachvollziehbaren Argumenten im Rahmen eines klaren Aufbaus	zügig und originell, teilweise auch knapp in der Argumentation	durch eher einfache Argumente, die neben dem Verstand vor allem auch die Emotionen der Zuhörer ansprechen
An wendet sich die Textsorte?	an eine Leserschaft ohne größere Vorbildung in der Sache; die Diskussion wird allgemeinverständlich entwickelt	an vorinformierte Leser, die mit überraschenden Argumenten/Einsichten überzeugt werden sollen	im Prinzip an jede denkbare Zuhörerschaft; die Gestaltung der Rede wird der Zuhörerschaft angepasst

© 2017 Cornelsen Verlag GmbH. Berlin.
Alle Rechte vorbehalten.

Die Vervielfältigung dieser Seite ist für den eigenen Unterrichtsgebrauch gestattet.
Für inhaltliche Veränderungen durch Dritte übernimmt der Verlag keine Verantwortung.

Illustration:
Nils Fliegner, Hamburg

Fortsetzung auf Seite 45

Kategorie	Gründe aufzeigen ⟷ überzeugen		
	Erörterung	**Kommentar**	**Rede**
Wie wird die Einleitung gestaltet?	• mit einem Beispiel oder einem Gedanken zum Thema • außerdem wird das Thema bzw. die Kernfrage der Erörterung benannt • **Achtung:** Keine Argumente in der Einleitung!	• mit einem Beispiel oder einem Zitat oder mit verblüffenden/ beeindruckenden Zahlen • außerdem wird das Thema genannt	• mit einer Aussage / einem Gedanken, die/der das Interesse der Zuhörerschaft weckt • außerdem wird der Gegenstand der Rede benannt und • die eigene Meinung ausgesprochen
Wie ist der Hauptteil aufgebaut?	• Pro und Kontra **im Wechsel**, wobei Gegenargumente direkt entkräftet werden oder • Pro und Kontra **in Blöcken**, zuerst die Gegenseite (vom stärksten zum schwächsten Argument), dann die eigene Position (vom schwächsten zum stärksten Argument) • 3-Schritt: Behauptung, Begründung, Beispiel(e) und/oder Belege	• zum Beispiel Darstellung der eigenen Position und anschließende Begründungen • kein festgelegter, aber ein klarer Aufbau	• Aufbau im Hinblick auf das Ziel der Rede • einfache Argumente, die Verstand und Gefühl ansprechen • 3-Schritt: Behauptung, Begründung, Beispiel(e) und/oder Belege
Wie wird der Schluss gestaltet?	• mit einer Entscheidung • mit einem abrundenden Schlussgedanke	• originell • auf den Punkt gebracht	• Zusammenfassung der Argumente • Aufruf (= Appell)
Welche typischen Stilmittel weist die Textsorte auf?	• verknüpfende Formulierungen: *Des Weiteren ...;* *Darüber hinaus ...;* *Am wichtigsten aber erscheint ...*	• höheres sprachliches Niveau als bei der Erörterung • ironische Elemente	• direkte Ansprache der Zuhörer • eher einfacher Satzbau • Aufrufe

Aufgaben

1. Informiere dich in der Tabelle über Unterschiede und Ähnlichkeiten zwischen den drei Textsorten.

2. Diskutiert in der Klasse? Welche Textsorte liegt euch besonders?
   Was zeichnet sie gegenüber den anderen aus?

© 2017 Cornelsen Verlag GmbH, Berlin. Alle Rechte vorbehalten.

Die Vervielfältigung dieser Seite ist für den eigenen Unterrichtsgebrauch gestattet. Für inhaltliche Veränderungen durch Dritte übernimmt der Verlag keine Verantwortung.

Werkzeugkasten

Die folgenden Punkte helfen dir beim materialgestützten Schreiben. Sie sind nicht alle abzuarbeiten, sondern stellen eine Art Katalog dar, aus dem du, je nach Aufgabenstellung, die passenden Werkzeuge auswählen kannst.

1. VORBEREITUNG

Aufgabenstellung
- Welche Aufforderungsverben (= Operatoren) enthält die Aufgabenstellung?
- Was verlangen die Operatoren von dir?
- Welche Schlüsselbegriffe enthält die Aufgabenstellung?
- Formuliere die Aufgabenstellung in eigenen Worten.

Eigene Gedanken
- Erstelle einen Cluster zum Thema und notiere, was dir spontan einfällt.
- Notiere Antworten zum Thema anhand von W-Fragen:
  Wer? Was? Wie? Warum? …

Erste Textbegegnung
- Welche Inhalte werden schon durch die Überschriften der Materialien deutlich?
- Lassen sich die Materialien grob nach Pro und Kontra sortieren?

2. ANALYSE

- Markiere wichtige Textstellen.
- Kläre schwierige Stellen durch genaueres Lesen oder, falls möglich, Nachschlagen.
- Setze die Materialien zueinander in Beziehung. Gibt es Gegensätze, Übereinstimmungen?
- Untergliedere die Texte in Sinnabschnitte. Gibt jedem Sinnabschnitt eine Überschrift.
- Bestimme die Meinung des jeweiligen Verfassers.
- Markiere Argumente mit unterschiedlichen Farben und stelle sie in einer Tabelle einander gegenüber.

3. PLANUNG

- Richte dich in Einleitung, Hauptteil und Schluss nach den Anforderungen der jeweiligen Textsorte.
- Mache dir klar, für den du schreibst.
- Erstelle eine Gliederung. Ordne die Argumente z. B. nach dem Sanduhr-Prinzip.

4. AUSFÜHRUNG

- Formuliere Einleitung, Hauptteil und Schluss.
- Formuliere eine Überschrift.
- Achte auf eine Sprache, die der Textsorte angemessen ist.

5. ÜBERARBEITUNG

- Setzt du ausreichend Zitate ein? Hast du korrekt zitiert?
- Hast du abwechslungsreich formuliert? Achte auf deine Absatzanfänge.
- Hast du deinen Text in Einleitung, Hauptteil und Schluss gegliedert?
- Hast du auf Rechtschreibung, Zeichensetzung und Grammatik geachtet?

© 2017 Cornelsen Verlag GmbH, Berlin.
Alle Rechte vorbehalten.

Die Vervielfältigung dieser Seite ist für den eigenen Unterrichtsgebrauch gestattet.
Für inhaltliche Veränderungen durch Dritte übernimmt der Verlag keine Verantwortung.

Illustration:
Henriette von Bodecker, Berlin

Der Feldhamster – Ein bedrohtes Tier

Materialgestützt einen informierenden Text verfassen

Aufgabenstellung

Am Wochenende bist du mit deiner Mutter durch die Fußgängerzone gelaufen. Dort seid ihr auf einen Stand des Naturschutzbundes gestoßen, der Unterschriften zum Schutz des Feldhamsters gesammelt hat. Du hast dich kundig gemacht und möchtest nun deinen Brieffreund Felix über den Feldhamster allgemein, seine Lebensbedingungen und seine Schutzbedürftigkeit informieren. Schreibe deinen Brief auf der Grundlage der Materialien 1 bis 5.

M 1 **Der Feldhamster – ein lästiger Störenfried?**

Vor gut 50 Jahren war der Feldhamster noch weit entfernt davon, vom Aussterben bedroht zu sein. Er war der Feind vieler Landwirte, denn sein großer Appetit auf Getreide, Rüben und andere Feldfrüchte
5 zerstörte einen Teil der Ernte erheblich. Deshalb waren die Bauern sehr daran interessiert, diesen lästigen Kumpan von ihren Äckern zu vertreiben. In ganz Europa waren Hamsterjäger unterwegs, die die erbeuteten Felle an die Behörden ablieferten und
10 dafür Prämien kassierten.
Heute gibt es zwar keine Hamsterjäger mehr, aber es gibt immer noch Situationen, in denen der Feldhamster unangenehm auffällt. So konnte man unlängst in einer Hildesheimer Tageszeitung nachle-
15 sen, in welcher Weise der Feldhamster immer mal wieder für Aufregung sorgt. Er stört, wenn Ackerland in Bauland umgewandelt werden soll und außerdem ist er auch in so manchen Stromausfall verwickelt, denn er knabbert die unter den Äckern ver-
20 legten Kabel an.

M 2 **Die Probleme des Feldhamsters heute**

Feldhamster stehen seit einigen Jahren auf der sogenannten Roten Liste. Diese gibt Auskunft darüber, wie sehr eine Tierart gefährdet ist. Tiere, die hier aufgelistet sind, erfahren in Deutschland einen be-
5 sonderen Schutz. Ihre natürlichen Lebensräume sollen möglichst erhalten werden. Für den Feldhamster muss man feststellen, dass er in manchen Bundesländern sogar schon als ausgestorben gilt. Der Grund dafür liegt heute nicht mehr in der mas-
10 siven Bekämpfung des Feldhamsters durch die Bauern, sondern in der Veränderung der Landwirtschaft an sich. Heutzutage ernten die landwirtschaftlichen Maschinen das Feld so schnell ab, dass für den Feldhamster nicht mehr genug Nahrung übrig bleibt.
Auch Pflanzenschutzmittel kann er nicht gut vertra- 15
gen. Zudem werden die Felder heute direkt nach der Ernte wieder umgepflügt und verschwinden immer mehr Hecken und Wäldchen, die dem Feldhamster Schutz und Nahrung bieten. Ganze zwei bis vier Kilogramm Wintervorrat muss der Nager sammeln, 20
damit er den Winter überleben kann. Und das schafft der kleine Kerl einfach nicht, wenn nach der Ernte die Erntereste direkt untergepflügt werden.

© 2017 Cornelsen Verlag GmbH, Berlin.
Alle Rechte vorbehalten.

Die Vervielfältigung dieser Seite ist für den eigenen Unterrichtsgebrauch gestattet.
Für inhaltliche Veränderungen durch Dritte übernimmt der Verlag keine Verantwortung.

Illustration:
Henriette von Bodecker, Berlin

Fortsetzung auf Seite 48

Der Feldhamster – Ein bedrohtes Tier
Materialgestützt einen informierenden Text verfassen

 M 3 **Der Feldhamster**

Wer nur die etwa 15 Zentimeter großen Goldhamster aus der Zoohandlung kennt, den wird die Größe des in Deutschland heimischen Feldhamsters überraschen: Der Nager mit dem gelbbraun-rötlichen Fell
5 an der Oberseite und dem schwarzen Bauch wird bis zu 35 Zentimeter lang und wiegt zwischen 200 und 500 Gramm. Gesammelte Nahrung verstaut er, wie alle Hamster, in seinen großen Backentaschen. Der süße Racker lebt bevorzugt in Getreide- oder Rübenfeldern, legt seinen Bau, der bis zu zwei Meter unter 10 der Erde liegt, aber auch in Kleingärten an. Feldfrüchte, Gräser, Körner und Samen gehören genauso zu seinem Speiseplan wie Regenwürmer und Käfer. Bis zum Oktober sammelt der Feldhamster in seinem Bau untertage fleißig Vorräte, um sicher in den 15 Winterschlaf gehen zu können.

M 4 **Verbreitung in Deutschland heute**

Rote Liste: In welchen Bundesländern gilt der Feldhamster als besonders gefährdet?

Bundesland	Anzahl der Feldhamster
Baden-Württemberg	100
Hessen	1100
Mecklenburg-Vorpommern	0
Nordrhein-Westfalen	140
Sachsen	100

▉ Bundesländer, die Landwirten Geld für die „hamstergerechte" Bewirtschaftung der Felder bezahlen

Kategorien der Roten Liste:
0 = Ausgestorben
1 = Vom Aussterben bedroht
2 = Stark gefährdet
3 = Gefährdet

 M 5 **Hilfe für den Feldhamster**

Landwirte können ihre Felder „hamstergerecht" bewirtschaften, indem sie Klee und Luzerne anbauen, die dem Hamster das ganze Jahr über als Nahrung und Versteckmöglichkeiten vor Fressfeinden, wie z. B. Greifvögeln, bieten. Außerdem ist für
5 den Feldhamster wichtig, dass das Feld nicht sofort wieder umgepflügt wird, damit er genug Zeit zum Sammeln von Nahrung hat. Zudem hilft es dem Nager, wenn nicht das komplette Feld abgeerntet wird, sondern ein etwa fünf Meter breiter Erntestreifen 10 fen stehen bleibt. Werden diese Schutzmaßnahmen beachtet, kann der Hamster genug Futter bis zum Winter sammeln.

© 2017 Cornelsen Verlag GmbH, Berlin. Alle Rechte vorbehalten.

Die Vervielfältigung dieser Seite ist für den eigenen Unterrichtsgebrauch gestattet.
Für inhaltliche Veränderungen durch Dritte übernimmt der Verlag keine Verantwortung.

Fortsetzung auf Seite 49

Der Feldhamster – Ein bedrohtes Tier
Materialgestützt einen informierenden Text verfassen

Aufgaben

Die Aufgabenstellung verstehen, Vorwissen aktivieren

1. Hast du schon einmal einen Feldhamster in der freien Natur gesehen? Kreuze an.

   ☐ oft   ☐ ab und zu   ☐ selten   ☐ nie

2. Welche Tiere kennst du, die unter Naturschutz stehen? Zähle einige auf.

3. Markiere in der Aufgabenstellung alle Schlüsselwörter. Beantworte dann die folgenden Fragen in Stichpunkten.

   • An wen sollst du schreiben? _____

   • Worüber sollst du informieren? _____

   • In welchem Textformat sollst du die Informationen verfassen? _____

Die Materialien untersuchen und in Beziehung setzen

1. Verschaffe dir einen ersten Überblick, indem du die Überschriften der Materialien liest.

2. Bei Material 4 handelt es sich um eine Landkarte von Deutschland mit dazugehöriger Tabelle. Kreuze an, worüber Landkarte und Tabelle Auskunft geben:

   ☐ Allgemeines zum Feldhamster   ☐ Lebensbedingungen   ☐ Schutzbedürftigkeit

3. Untersuche die Materialien nun genauer.
   a) Entscheide nach dem ersten Lesen, welches Material dir bei der Beantwortung der Fragen A bis D in der Tabelle helfen kann. Schreibe die jeweilige Materialnummer in die Tabelle. Achtung: Du kannst einer Frage auch mehrere Materialien zuordnen.

Allgemeine Informationen	Lebensbedingungen	Schutzbedürftigkeit	Schäden
A) Was ist ein Feldhamster?	**B) Wo lebt der Feldhamster in Deutschland?**	**C) Wie und wovor muss man ihn schützen?**	**D) Welche Schäden richtet er an?**
Nummer:	Nummer:	Nummer:	Nummer:

   b) Lies die Materialien M 1 bis M 5 nun gezielt nach Antworten auf Frage A durch. Unterstreiche die Antworten rot.
   Gehe anschließend bei den Fragen B bis D genauso vor. Achte darauf, dass du für jede Frage eine andere Farbe nimmst.
   c) Werte die Antworten zu den Fragen A bis D nun aus, indem du Stichpunkte in der Tabelle notierst.

© 2017 Cornelsen Verlag GmbH, Berlin.
Alle Rechte vorbehalten.

Die Vervielfältigung dieser Seite ist für den eigenen Unterrichtsgebrauch gestattet.
Für inhaltliche Veränderungen durch Dritte übernimmt der Verlag keine Verantwortung.

Fortsetzung auf Seite 50

Der Feldhamster – Ein bedrohtes Tier
Materialgestützt einen informierenden Text verfassen

Aufgaben

Einen Schreibplan erstellen

1. Nummeriere die folgenden Bestandteile eines persönlichen Briefs von oben nach unten.
   Eine Nummer ist bereits gesetzt.

Schluss ◯   Anrede ◯   Grußformel ◯   Ort und Datum ①

Hauptteil ◯   Unterschrift ◯   Einleitung ◯

2. In der Einleitung deines Briefes teilst du Felix mit, warum du ihm schreibst.
   Formuliere den ersten Satz.

   Lieber Felix,

   _____

   _____

3. Lies noch einmal die Aufgabenstellung (Seite 47). In welcher Reihenfolge sollst du
   im Hauptteil deines Briefes über den Feldhamster schreiben? Notiere.

   1. _____

   2. _____

   3. _____

4. Entwickle in deinem Heft eine Idee für den Schluss deines Briefes. Fordere Felix z. B. dazu auf,
   dir einen Antwortbrief zu schreiben.

Den Text schreiben

1. Du möchtest Felix in deinem Brief informieren. Was bedeutet dies für die Art und Weise,
   in der du schreiben sollst? Kreuze an, welcher Schreibstil passt.

   Ich verfasse meinen Text …
   ☐ präzise   ☐ ausschweifend   ☐ sachlich   ☐ umgangssprachlich   ☐ übertreibend

2. Formuliere deinen Brief. Greife dabei auf deine Vorarbeiten zurück.

Den Text überarbeiten

1. Überarbeite deinen Brief mit Hilfe der folgenden Checkliste. Setze Häkchen.

Briefaufbau	erfüllt	nicht erfüllt	Briefaufbau	erfüllt	nicht erfüllt
• Ort und Datum	☐	☐	• Schluss	☐	☐
• Anrede	☐	☐	• Grußformel	☐	☐
• Einleitung	☐	☐	• Unterschrift	☐	☐
• Hauptteil	☐	☐			

© 2017 Cornelsen Verlag GmbH, Berlin.
Alle Rechte vorbehalten.

Die Vervielfältigung dieser Seite ist für den eigenen Unterrichtsgebrauch gestattet.
Für inhaltliche Veränderungen durch Dritte übernimmt der Verlag keine Verantwortung.

Berufe der Zukunft – Bioniker

Materialgestützt einen informierenden Text verfassen

Die Vervielfältigung dieser Seite ist für den eigenen Unterrichtsgebrauch gestattet.
Für inhaltliche Veränderungen durch Dritte übernimmt der Verlag keine Verantwortung.

© 2017 Cornelsen Verlag GmbH, Berlin.
Alle Rechte vorbehalten.

Aufgabenstellung

Beim Projekt „Berufe der Zukunft" hast du dich für den Beruf des Bionikers entschieden. Deine Aufgabe ist es nun, deine Mitschülerinnen und Mitschüler im Rahmen eines kurzen Vortrags über diesen Beruf zu informieren. Dabei solltest du auch erklären, was Bionik überhaupt ist. Erstelle deinen Vortrag auf der Grundlage der folgenden Materialien.

 Bioniker – Ein vielfältiges Berufsbild (2016)

Bioniker sind professionelle Abgucker. Biologen und Techniker (Bio-nik) arbeiten in diesem Forschungszweig eng zusammen. Die Biologen erforschen die Natur und versuchen, ihren Phänomenen
5 auf den Grund zu kommen. Techniker übertragen die Erkenntnisse der Biologen dann auf ihren technischen Bereich, zum Beispiel in der Architektur, der Physik, der Medizin oder Chemie. Ziel der Bionik ist es, möglichst wenig Rohstoffe und Energie zu
10 verbrauchen und trotzdem die besten Ergebnisse zu erzielen – wie die Natur es vormacht.

[…] Wir können noch viel von der Natur lernen: Wie kommt es zum Beispiel, dass die Fische in einem Schwarm nicht zusammenstoßen? Kann man daraus Ideen für ein Verkehrssystem ohne Stau ab- 15 leiten? Wie schafft es die Natur, dass sie alle produzierten Abfälle wieder verwertet, und wie toll wäre es, wenn wir das auch könnten? Die Bioniker selbst beschreiben ihre Wissenschaft so: „Wir lernen von der Weisheit der Natur". Mit reinem Abgucken hat 20 das wohl doch nicht viel zu tun.

 Berühmte Beispiele (2016)

Der Lotus-Effekt

Weil Wasser an den Blättern der Lotus-Pflanze einfach abperlt und jedes Schmutzteilchen mitnimmt, sieht die Pflanze immer aus wie frisch gewaschen. Wie macht sie das bloß? Das wollten Biologen wis-
5 sen und untersuchten die Blätter unter dem Mikroskop. Und siehe da: Die Blätter sind mit winzig kleinen, von Wachs überzogenen Noppen besetzt. Tolle Idee. Techniker entwickelten nach dem Vorbild des Lotus später eine Farbe für Hausfassaden,
10 die sich selbst reinigt, und forschen schon an vielen weiteren Ideen, wie man den Lotus-Effekt nutzen kann.

Der Klettverschluss

Dank der Bionik müssen Millionen Kinder sich nie mehr mit friemelig verknoteten Schuhbändern herumärgern. Schließlich gibt's ja Klettverschlüsse: Viele kleine Widerhaken auf der einen Seite verhaken sich im Stoff auf der anderen Seite. Das haben 5 die Bioniker von der Klette abgeguckt, deren Früchte sich mit ihren Widerhaken im Fell von vorbeikommenden Tieren verhaken.

 Bionik – Wie wir die besten Erfindungen der Natur kopieren (2016)

Schuhe, die man ohne Schnürsenkel schließen kann, Hausfassaden, die nicht schmutzig werden, und Klebebänder, die sich ohne Rückstände ablösen lassen: Das alles sind tolle Erfindungen der Neuzeit,
5 die uns das Leben leichter machen.
Stopp, Moment – der Neuzeit? Denkste! Die Vorbilder für diese Erfindungen gibt es schon seit Ewigkeiten, nämlich in der Natur. Dort lagen sie offen

vor unseren Augen, aber niemand hat richtig hingeguckt. Erst seit es die „Bionik" gibt, machen wir uns 10 die besten Erfindungen der Natur systematisch zunutze.

Alle drei Texte nach: Naturdetektive. Hrsg.: Bundesamt für Naturschutz. http://www.naturdetektive.de/natdet-wowebe_201202_bionik.html, Stand 23.05.2016

M 4 **Patricia Piekenbrock: Ein Elefantenrüssel als Roboter (2016)**

Ohne Rüssel wäre ein Elefant hilflos. Er braucht ihn zum Fressen, Trinken, Duschen, Trompeten oder als Werkzeug. Der Rüssel setzt sich aus Oberlippe und Nase zusammen. Der Elefant kann ihn hoch hinauf
5 zu einer Baumkrone strecken und einen Ast umschlingen. Mit der Spitze greift er ein Bündel Blätter, riecht daran und steckt es in den Mund. Genauso beweglich ist ein Roboter in Rüsselform. Er heißt Bionischer Handling-Assistent, weil er Menschen im
10 Alltag tatkräftig assistieren oder – anders gesagt – unterstützen kann. Wie ein echter Rüssel biegt er sich in alle gewünschten Richtungen. Das unterscheidet ihn von älteren Robotern, die oft starr sind. Der Rüsselroboter besitzt drei aneinander gesetzte
15 Luftkammern. In diese Kammern wird unterschiedlich viel Luft gedrückt. Dehnt sich eine davon seitlich aus, bewegt sich der Rüssel in entgegengesetz-

ter Richtung. An der Spitze des Bionischen Handling-Assistenten befindet sich ein dehnbarer Greifer mit drei Fingern. Die Spezialisten haben ihn so ge- 20 staltet, dass er ein rohes Ei aufnehmen und sicher transportieren kann. Es wird weder zerdrückt noch fallen gelassen. In einer Fabrikhalle kann der Rüsselroboter empfindliches Gemüse sortieren oder ein Werkstück an einen Monteur übergeben. Er ist ein- 25 fach zu steuern und greift nie daneben. Gegenüber dem Menschen verhält er sich stets rücksichtsvoll. Der bionische Roboter fügt niemandem Schaden zu. Dem Menschen kann er überall zur Hand gehen: bei der Arbeit, am Krankenbett oder im Haushalt. Er 30 hilft einfach dort, wo man ihn hinbringt.

Patricia Piekenbrock: Von Tieren und Technik. Bionik für Kinder leicht erklärt. Hrsg. v. Dr. Wilfried Stoll, Festo AG & Co.KG.
copyright by genussmaenner.de Berlin, Deutschland, S. 31–34

Aufgaben

Die Aufgabenstellung verstehen, Vorwissen aktivieren

1. Der Klettverschluss ist nur ein Beispiel für Bionik, das du sicher aus dem Alltag kennst. Welche weiteren Beispiele fallen dir ein?

2. Stell dir vor, du wärst Bioniker. Welches Beispiel aus der Natur würdest du gern erforschen und für die Menschheit nutzbar machen? Notiere und begründe.

_____

_____

3. Lies dir die Aufgabe noch einmal genau durch.
   a) Markiere alle wichtigen Wörter (= Schlüsselwörter).
   b) Fasse mit eigenen Worten zusammen, was die Aufgabe von dir verlangt.

_____

_____

© 2017 Cornelsen Verlag GmbH, Berlin. Alle Rechte vorbehalten.

Die Vervielfältigung dieser Seite ist für den eigenen Unterrichtsgebrauch gestattet. Für inhaltliche Veränderungen durch Dritte übernimmt der Verlag keine Verantwortung.

Cornelsen

Illustration:
Henriette von Bodecker, Berlin

Berufe der Zukunft – Bioniker

Materialgestützt einen informierenden Text verfassen

Aufgaben

Die Materialien analysieren und in Beziehung setzen

1. Lies dir die Überschriften der Materialien durch. Kennzeichne
   - Materialien, die hauptsächlich über den Beruf informieren, mit +
   - Materialien, die hauptsächlich über den Begriff „Bionik" informieren, mit ++
   - Materialien, die Beispiele für Bionik anführen, mit +++

2. Sammle die Informationen der Materialien in der folgenden Tabelle. Notiere Stichpunkte.

Bionik * Was ist das? * Wie erklärt sich das Wort?	Bioniker * Wer arbeitet in diesem Beruf? * Welche Ziele werden verfolgt?	Beispiele für Bionik

Einen Schreibplan erstellen

1. In welcher Reihenfolge möchtest du die Informationen ordnen? Kreuze an.
   - ☐ Beispiele für Bionik, Definition von Bionik, Berufsbild
   - ☐ Berufsbild, Beispiele für Bionik, Definition von Bionik
   - ☐ Definition von Bionik, Berufsbild, Beispiele für Bionik

2. Verteile deine Informationen nun auf Einleitung, Hauptteil und Schluss deines Vortrags. Notiere Stichpunkte.

   Einleitung: _____

   Hauptteil: _____

   _____

   Schluss: _____

© 2017 Cornelsen Verlag GmbH, Berlin.
Alle Rechte vorbehalten.

Die Vervielfältigung dieser Seite ist für den eigenen Unterrichtsgebrauch gestattet.
Für inhaltliche Veränderungen durch Dritte übernimmt der Verlag keine Verantwortung.

Illustration:
Henriette von Bodecker, Berlin

53

Fortsetzung auf Seite 54

Berufe der Zukunft – Bioniker
Materialgestützt einen informierenden Text verfassen

Aufgaben

Den Text schreiben

1. Nenne am Anfang deiner Einleitung kurz das Thema deines Vortrags.

   _____

   _____

2. Bei einem so spannenden Thema willst du schon in der Einleitung das Interesse
   deiner Zuhörer wecken. Notiere einen entsprechenden Satz.

   _____

   _____

   _____

3. Notiere für die Einleitung auch eine kurze Begriffsklärung. Was ist Bionik?

   _____

   _____

   _____

4. Beschreibe im Hauptteil die Tätigkeitsfelder eines Bionikers. Veranschauliche seine Tätigkeit
   dabei anhand von mindestens drei Beispielen. Schreibe ins Heft.

5. Formuliere am Schluss einen Ausblick. Wie wird sich das Berufsbild des Bionikers
   deiner Ansicht nach entwickeln? Handelt es sich um einen Beruf mit Zukunft?

   _____

   _____

   _____

   _____

   _____

Den Text überarbeiten

1. Bei einem Vortrag ist es wichtig, die Zuhörer anzusprechen und einzubeziehen.
   Hast du daran gedacht?

2. Komplizierten Sätzen kann man beim Zuhören nur schlecht folgen. Hast du dich verständlich
   und gut nachvollziehbar ausgedrückt?

3. Kontrolliere Rechtschreibung, Zeichensetzung und Grammatik.

© 2017 Cornelsen Verlag GmbH, Berlin.
Alle Rechte vorbehalten.

Die Vervielfältigung dieser Seite ist für den eigenen Unterrichtsgebrauch gestattet.
Für inhaltliche Veränderungen durch Dritte übernimmt der Verlag keine Verantwortung.

Ethischer Konsum – Es kommt auf dich an!

Materialgestützt einen informierenden Text verfassen

Aufgabenstellung

Für die Aktionswoche „Es kommt auf dich an!" bereitet deine Klasse einen Raum zum Thema „Ethischer Konsum – mit gutem Gewissen einkaufen" vor. Du wurdest gebeten, einen Eröffnungsvortrag zu verfassen, der an konkreten Beispielen erklärt, was ethisches Konsumieren ist, aber auch Schwierigkeiten aufzeigt. Als Publikum erwartest du Gleichaltrige, aber auch Eltern von Mitschülern. Formuliere deinen Vortrag auf der Grundlage der folgenden Materialien.

 Marcel Leubecher: Die Macht der Konsumenten kann die Welt verändern (2014)

[…] Obwohl die Umsetzung immer wieder an fehlenden oder falschen Produktinformationen und menschlicher Inkonsequenz scheitert – die Wirtschaft reagiert auf die neuen Ansprüche: Längst gibt
5 es von der Lebensmittel- bis zur Textilbranche Anbieter, die sich auf die wachsende Zielgruppe der ethischen Konsumenten spezialisieren.
Im Dezember wurde mit dem Fairphone das erste Mobiltelefon auf den Markt gebracht, dessen Her-
10 steller bei der Rohstoffgewinnung in Afrika bis zur Fertigung in China so gut es geht versuchen, miserable Arbeitsbedingungen zu vermeiden.
Viel erfreulicher ist aber, dass auch die etablierten Hersteller sich den neuen Konsumbedürfnissen zu-
15 nehmend anpassen: Der Kunde ist König. Wenn er einem Unternehmen, dessen Geschäftsmodell ihm nicht gefällt, nichts mehr abkauft und zu Konkurrenten wechselt, die seine Ansprüche besser erfüllen, können sich ganze Branchen wandeln.
20 […] Wir Konsumenten lernen erst, damit umzugehen, dass wir nicht nur an der Wahlurne, sondern auch an der Ladenkasse Einfluss nehmen. Unser Kaufverhalten stammt noch aus einer Welt, die es nicht mehr gibt. Politische Räume und Wirtschaftsräume sind weniger deckungsgleich als früher. 25
Unsere Regierung ist schon lange nicht mehr der richtige Ansprechpartner, wenn wir erreichen wollen, dass für die Dinge, die wir kaufen, niemand in pestizidbelasteten Fabriken 70-Stunden-Wochen abreißen muss. Auf den steigenden Anteil unserer 30 Waren, der in armen Staaten produziert wird, hat unsere Wählerstimme keinen Einfluss.
[…] Nein, ethische Konsumenten wenden sich nicht an Angela Merkel, sondern an H&M, sie wenden sich nicht an Barack Obama, sondern an Apple. Sie 35 erwarten innerhalb der sich globalisierenden Marktwirtschaft, die ihnen eine Überfülle an guten Produkten beschert, von jedem Unternehmen die Übernahme von Verantwortung. Andernfalls kaufen sie ihm nichts mehr ab. Das ist die Idee. 40

Aus: DIE WELT vom 17.04.14 http://www.welt.de/debatte/
kommentare/article127076903/Die-Macht-der-Konsumenten-kann-
die-Welt-veraendern.html

 Begriffserklärung „Nachhaltigkeit"

Nachhaltigkeit
basiert auf drei Säulen:

1. Ökologischer Nachhaltigkeit, bei der alle Lebensgrundlagen nur so weit in Anspruch genommen werden dürfen, wie sie sich auch regenerieren können.

2. Ökonomischer Nachhaltigkeit, bei der so gewirtschaftet wird, dass nachkommende Generationen keine Nachteile davon haben.

3. Sozialer Nachhaltigkeit, bei der sich eine Gesellschaft oder ein Staat so organisiert, dass keine sozialen Spannungen entstehen und Konflikte friedlich und zivil gelöst werden können.

© 2017 Cornelsen Verlag GmbH, Berlin.
Alle Rechte vorbehalten.

Die Vervielfältigung dieser Seite ist für den eigenen Unterrichtsgebrauch gestattet.
Für inhaltliche Veränderungen durch Dritte übernimmt der Verlag keine Verantwortung.

Fortsetzung auf Seite 56

M 3   **Im Trend (2013)**

Kaufen Sie ethisch korrekt?

ab und zu · nie · 33 % · 41 % · 26 % · häufig · **2009**

ab und zu · nie · 11 % · 33 % · 56 % · häufig · **2013**

Quelle: Der Spiegel

M 4   **Tipps zum bewussten Konsum**

1. Keine Lebensmittel verschwenden.
2. Auf Transportwege von Lebensmitteln achten.
3. Regionale Produkte kaufen.
4. Waren kaufen, die wenig Verpackungsmüll erzeugen.
5. Bei Kleidung auf fairen Handel achten.
6. Nicht alles neu kaufen, auch mal in den Secondhandladen gehen oder tauschen.
7. Sich über menschwürdige Produktionsbedingungen informieren.

M 5   **Bei aller Liebe (2015)**

Ökologisches Bewusstsein, das zeigen die neuesten Umfragen, ist in der Mitte der Gesellschaft angekommen. Den meisten Menschen ist es nicht egal, wie ihre Waren produziert werden. Das gilt für Le-
5 bensmittel noch etwas mehr als für Kleidung. Aber auch hier wächst die Aufmerksamkeit für ökonomische und soziale Kriterien. Fairer Handel und menschenwürdige Produktionsbedingungen sind den Konsumenten nicht gleichgültig. Aber es bleibt die
10 Frage: Wie stark wirkt sich unser Bewusstsein auf unsere Kaufentscheidungen tatsächlich aus?

Selbst einige Pioniere des ethischen Konsums sind mittlerweile verzagt, weil sich die Masse der Konsumenten aus verschiedenen Gründen weiterhin zurückhält. Mit nur 15 Prozent bewussten Konsumen- 15 ten lässt sich die Welt aus ihrer Sicht nicht retten.
Ethischer Konsum bleibt wohl – trotz des gestiegenen Bewusstseins – ein Wohlstandsphänomen. Denn letztlich muss man sich die eigenen Einsichten auch leisten können. Für viele deutschen Konsumenten, 20 eine Umfrage spricht von 40%, sind zum Beispiel Bio-Produkte einfach zu teuer.

Originalbeitrag. Zahlen sind einer Umfrage der Otto-Group aus dem Jahr 2015 entnommen.

© 2017 Cornelsen Verlag GmbH, Berlin. Alle Rechte vorbehalten.
Die Vervielfältigung dieser Seite ist für den eigenen Unterrichtsgebrauch gestattet.
Für inhaltliche Veränderungen durch Dritte übernimmt der Verlag keine Verantwortung.

Ethischer Konsum – Es kommt auf dich an!
Materialgestützt einen informierenden Text verfassen

Aufgaben

Die Aufgabenstellung verstehen, Vorwissen aktivieren

1. Was tust du, um ein gutes Gewissen zu haben? Erstelle einen Cluster.

2. Was stellst du dir unter ethischem Konsum vor? Notiere deine Ideen oben im Cluster.

3. Markiere die zentralen Begriffe (Schlüsselwörter) in der Aufgabenstellung.

4. Formuliere die Aufgabenstellung mit eigenen Worten.

_____

_____

_____

Die Materialien analysieren und in Beziehung setzen

1. Verschaffe dir einen Überblick, indem du die Materialien mit den folgenden Zeichen und Buchstaben markierst.

• fordert zum ethischen Einkauf auf (+)	• ist hauptsächlich informativ (I)
• zweifelt am ethischen Einkauf (−)	• ist hauptsächlich darstellend (D)
• verhält sich neutral (0)	• ist hauptsächlich urteilend (U)

2. Formuliere eigene Überschriften für die Materialien. Schreibe über oder neben die Materialien.

3. Markiere in den Materialien neutrale Informationen zum ethischen Konsum. In der Regel müssten sie in den mit „0" und „I" markierten Texten zu finden sein. Notiere die Informationen anschließend jeweils auf ein Blatt im DIN-A6-Format, z. B.:
   „M 3: Kaufbereitschaft für ethisch korrekte Produkte hat sich von 2009 bis 2013 verdoppelt"

4. Ergänze deine A6-Blätter nun durch kurze Hinweise auf
   • passende darstellende Passagen in den Materialien (grün),
   • passende urteilende Passagen in den Materialien (rot),
   • passende eigene Ideen (schwarz).

57

Fortsetzung auf Seite 58

© 2017 Cornelsen Verlag GmbH, Berlin. Alle Rechte vorbehalten.

Die Vervielfältigung dieser Seite ist für den eigenen Unterrichtsgebrauch gestattet. Für inhaltliche Veränderungen durch Dritte übernimmt der Verlag keine Verantwortung.

Ethischer Konsum – Es kommt auf dich an!
Materialgestützt einen informierenden Text verfassen

Aufgaben

Einen Schreibplan erstellen

1. Lies dir die folgenden drei Aufbaumöglichkeiten für den Hauptteil deines Vortrags durch.
   Begründe, welcher Aufbau dich am meisten überzeugt.
   Wenn du mit den Vorschlägen unzufrieden bist, entwirf einen alternativen Aufbau.

• persönliche Kaufwünsche und -entscheidungen der letzten Zeit • Informationen zum ethischen Konsum • Probleme beim ethischen Konsum • Lösungsmöglichkeiten	• Probleme beim ethischen Konsum • Informationen zum ethischen Konsum • Lösungsmöglichkeiten • persönliche Kaufwünsche und -entscheidungen der letzten Zeit	• Informationen zum ethischen Konsum • persönliche Kaufwünsche und -entscheidungen der letzten Zeit • Probleme beim ethischen Konsum • Lösungsmöglichkeiten

2. Überlege, wie viel Raum jeder Abschnitt des Hauptteils in deinem Vortrag einnehmen soll.

3. Suche in den Materialien noch einmal nach Formulierungen oder Fakten, die dich sofort angesprochen haben. Überlege, wo du sie in deinem Vortrag einsetzen willst.

Den Text schreiben

1. Im Zentrum der Aufgabenstellung steht der „ethische Konsum", das „Einkaufen mit gutem Gewissen". Verfasse eine Definition, die für deine Zuhörer gut verständlich ist.

_____

_____

2. Erprobe Möglichkeiten, das Hörerinteresse zu wecken, z. B.:
   • eine Einleitung mit einer überraschenden Information aus den Materialien,
   • eine Einleitung mit einer passenden persönlichen Erfahrung,
   • eine Einleitung mit einem Zitat, einer Redewendung oder einem Sprichwort,
   • eine Einleitung mit einer Provokation,
   • eine Einleitung mit einem scheinbar unpassenden Gedanken.

Den Text überarbeiten

1. Untersuche, ob die Zuhörer angesprochen und einbezogen werden.

2. Überlege, welche Tendenz dein Vortrag hat, und vergleiche, was die Aufgabenstellung verlangt. Will dein Text hauptsächlich überzeugen, informieren oder unterhalten?

3. Untersuche, wie du deine Überleitungen gestaltest:
   • Wird klar, dass ein neuer Abschnitt beginnt?
   • Wiederholst du dich?

4. Ein Vortrag muss so formuliert sein, dass die Zuhörer ihm gut folgen können. Überprüfe, ob die Länge und der Bau deiner Sätze diese Forderung erfüllen.

© 2017 Cornelsen Verlag GmbH, Berlin. Alle Rechte vorbehalten.

Die Vervielfältigung dieser Seite ist für den eigenen Unterrichtsgebrauch gestattet. Für inhaltliche Veränderungen durch Dritte übernimmt der Verlag keine Verantwortung.

Gibt es das auch offline?

Materialgestützt einen argumentierenden Text verfassen

Aufgabenstellung

Die lokale Zeitung wünscht sich für ihre Jugendseite eine Erörterung zu dem folgenden Thema: „Im Internet oder im Laden kaufen? – eine Entscheidungshilfe!" Schreibe auf der Basis der folgenden Materialien eine Erörterung, die anderen Jugendlichen aufzeigt, welche Vor- und Nachteile der Online-Kauf und der Kauf im Laden haben.

M 1 (2015)

Probleme beim Online-Shopping
Vergleich Frauen und Männer

- Fehlende Beratungsleistung: Frauen 36 %, Männer 29 %
- Zweifel an der Datensicherheit: Frauen 33 %, Männer 25 %
- Produkte entsprechen nicht den Erwartungen: Frauen 30 %, Männer 21 %
- Probleme bei Rückgabe: Frauen 21 %, Männer 28 %

■ Frauen ■ Männer

Quelle: TNS EMNID

M 2 **Martin Ganteföhr: Online-Shopping verursacht Müllprobleme (2011)**

Nach 45 Minuten Shopsurfen: gestresster Blick zur Uhr und in den Warenkorb. Fertig? Wie voll ist diese Einkaufskarre? Schwer zu sagen, wenn alles Liste ist. Sei's drum, zur Kasse, 6,90 EUR Stan-
5 dardversand, dazu 3 Euro „Kühlaufschlag" und 3 EUR Expressgebühr, damit die Eier wirklich vor Ostern da sind.

Nach dem Abschicken: Effizienzüberlegungen. Eine Stunde ist um, mein 55-EUR-Einkauf ist durch den
10 Versand 23 Prozent teurer geworden. Die ergänzende Bestellung bei Amazon wird gestrichen: 26 EUR Versandkosten für gefrostete Hähnchenbrust, Bier und Brot? Das Ganze verstreut auf drei Lieferungen? Nein.
15 Am nächsten Tag klingelt es, der Expressbote hievt ein Froodies-Paket die Treppen hoch. Bescherung!

Und siehe, alles ist taufrisch. Eier, Gemüse, Obst, ohne den kleinsten Quetscher, die Kühlschrankwaren eiskalt. Sauber!, denke ich. Bis es ans Einsammeln der Verpackungen geht – und klar wird, dass 20 mein Kaufmann ein Müllmann ist. Ein ganzer gelber Sack wird voll bis obenhin.

Würde ich einmal pro Woche so einkaufen, ich hätte pro Jahr 5 Kubikmeter zusätzlichen Verpackungsmüll. Eine Million Kunden von meiner Sorte könn- 25 ten aus dem Plastikschrott zwei Cheops-Pyramiden bauen. Trost für den Umweltfreund: Es gibt weniger Autofahrten. Oder?

Aus: DIE ZEIT vom 10.05.2011
http://www.zeit.de/digital/internet/2011-05/online-shopping-oekobilanz/komplettansicht

© 2017 Cornelsen Verlag GmbH, Berlin. Alle Rechte vorbehalten.

Die Vervielfältigung dieser Seite ist für den eigenen Unterrichtsgebrauch gestattet. Für inhaltliche Veränderungen durch Dritte übernimmt der Verlag keine Verantwortung.

Fortsetzung auf Seite 60

M 3 (2016)

> SIEHT SUPER AUS, SCHATZ! ICH CHECK' NUR SCHNELL, OB'S DAS IM NETZ BILLIGER GIBT

M 4 **Hanna Grabbe: Echt jetzt! (2015)**

[…] Hamburg ist keine Offline-Stadt. Natürlich kaufen auch hier die Leute im Netz und lassen sich die Turnschuhe und Tische und Turnbeutel vom Paketboten ins Haus liefern. Aber Hamburgs Ge-
5 schäfte können den Verlust besser ausgleichen. Die Bevölkerung wächst. Jedes Jahr kommen mehr Touristen in die Stadt, häufig, um in der Großstadt zu shoppen. […]

Es sind nämlich nicht so sehr die großen Städte, die
10 unter dem Ladensterben leiden. Es sind die Kleinstädte und Dörfer, in denen ein Geschäft nach dem anderen schließt und in denen es oftmals außer einem Discounter keine Möglichkeit mehr gibt, einzukaufen.
15 Für die Einwohner ist das ein Problem. Für Hamburg eine Freude.

Die Händler in der Innenstadt wissen um die Chance und bieten den Kunden, was sie in ihren Städten und Vierteln nicht bekommen. 700 000 Euro haben sie
20 allein für den Straßenschmuck ausgegeben. Wer sich wohlfühlt, kauft auch mehr ein.

Nicht nur bei H&M oder Butlers. Sondern auch am Jungfernstieg in Boutiquen, die es nirgendwo anders gibt – nicht im Netz und nicht in anderen Städten. „Was wir verkaufen, bekommt man online sowieso 25 nicht", sagt Verena Weinkath, Inhaberin von stegmann. Sie meint ihre Kleider, Hüte und Schals. Sie meint aber auch Beratung und Orientierung und die Möglichkeit, einen hellblauen Plüschmantel anzuprobieren, den man eigentlich gar nicht kaufen will, 30 um dann doch damit zur Kasse zu gehen, statt auf die Lieferung zu warten.

Es ist ein Luxus, der sich nicht digitalisieren lässt. Das haben auch die digitalen Verkäufer begriffen – und beginnen, mit dem Analogen zu werben: Die 35 Online-Plattform Productmate zum Beispiel präsentiert Artikel von lokalen Geschäften, die man nur im Laden kaufen kann. Man stöbert online, findet eine Brille, eine Hängelampe oder eine Strickmütze – und macht sich dann auf in ein echtes Geschäft, um 40 sie zu kaufen. […]

Aus: DIE ZEIT vom 17.12.2015
http://www.zeit.de/2015/50/einkaufen-online-handel-offline-innenstadt-hamburg/komplettansicht

© 2017 Cornelsen Verlag GmbH, Berlin.
Alle Rechte vorbehalten.

Die Vervielfältigung dieser Seite ist für den eigenen Unterrichtsgebrauch gestattet.
Für inhaltliche Veränderungen durch Dritte übernimmt der Verlag keine Verantwortung.

Illustration:
Nils Fliegner, Hamburg

Fortsetzung auf Seite 61

M 5 **Tina Klopp: Online-Shopping bringt den Supermarkt nach Hause (2011)**

[…] Online-Shopping ist ein großer Wachstumsmarkt. Die Menschen kaufen immer häufiger Bücher, CDs und Elektrogeräte im Internet. Sie buchen im Netz ihre Reisen und jagen nach Schnäppchen.

5 Nur das traditionelle Einkaufen, das alltägliche Besorgen frischer Milch, von Brot, Seife und Kartoffeln, das findet immer noch in der überwältigenden Mehrzahl offline statt – zu 99,9 Prozent sogar.

Dabei könnte es sich lohnen, wenn viele Menschen

10 auch den Alltags-Einkauf im Netz erledigten. Einkaufen verstopft die Straßen. 12,3 Prozent aller Verkehrsbewegungen in Städten haben den Einkauf zum Zweck, hat das System repräsentativer Verkehrsbefragungen (SrV) ermittelt. Ausgerechnet die

15 Einkaufsfahrten, bei denen es ja oft schwer zu tragen gibt, werden wohl eher mit dem Auto unternommen als mit Rad oder Bus, sind also ökologisch besonders bedenklich.

Zwar streiten die Experten noch, ob Online-

20 Shopping gut für die Umwelt ist. Aber man stelle sich einmal vor, alle Bewohner eines einzigen Mietshauses ließen sich den Einkauf bringen, statt einzeln in ihre Porsches und Geländemobile zu steigen und vor dem Supermarkt zu parken – das muss

25 sich ökologisch doch rentieren! Und die Effizienz-

Gewinne des Lieferservice sind umso größer, je mehr Menschen mitmachen, je dichter also der Fahrer sein Netz knüpfen und unnötige Wegstrecken vermeiden kann. Schließlich lohnen sich angeblich auch die sogenannten Gemüsekisten, die derzeit 30 noch weitaus weniger Menschen bestellen: ökobewusste Bürger, die sich Obst- und Gemüse aus der Region direkt an die Haustür liefern lassen.

Außerdem frisst ein Einkauf wertvolle Lebenszeit. 41 Prozent benötigen über eine Stunde pro Woche, 35 19 Prozent brauchen sogar mehr als zwei Stunden. Einer Studie des Elite News Instituts zufolge, die der Online-Lebensmittellieferant froodies in Auftrag gegeben hat, ärgern sich 52 Prozent der Verbraucher über lange Wartezeiten an der Kasse. Angeblich 40 verbringen Menschen im Laufe ihres Lebens ganze fünf Jahre damit, auf etwas zu warten. Da ist es doch viel angenehmer, zu Hause Radio hören oder Zeitung lesen zu können, statt an einer Supermarktkasse zu stehen, den Wagen des Hintermanns in den Knie- 45 kehlen.

Aus: DIE ZEIT vom 10.05.2011
http://www.zeit.de/digital/internet/2011–05/online-shopping-
supermarkt/komplettansicht

Aufgaben

Die Aufgabenstellung verstehen, Vorwissen aktivieren

1. Schreibe auf, welche drei Dinge du zuletzt gekauft hast. Notiere in Klammern dazu, wo du sie gekauft hast. Im Laden oder im Internet?

_____

_____

2. Welches Produkt würdest du wo lieber kaufen?
   a) Lege eine Tabelle an und notiere Produkte, die du gerne im Laden oder lieber im Internet kaufen würdest.

Laden	Internet
…	…

   b) Begründe deine Zuordnung in deinem Heft.

3. Markiere die Schlüsselwörter in der Aufgabenstellung.

© 2017 Cornelsen Verlag GmbH, Berlin.
Alle Rechte vorbehalten.

Die Vervielfältigung dieser Seite ist für den eigenen Unterrichtsgebrauch gestattet.
Für inhaltliche Veränderungen durch Dritte übernimmt der Verlag keine Verantwortung.

Aufgaben

Die Materialien analysieren und in Beziehung setzen

1. Lies dir die Texte gezielt durch. Gehe so vor:
   - Markiere Textstellen, die für das Thema von Bedeutung sind.
   - Notiere bei unklaren Ausdrücken oder Textstellen ein Fragezeichen am Textrand.
   - Markiere Textstellen, die dir besonders treffend erscheinen, mit einem Ausrufezeichen.

2. Finde geeignete Überschriften für M 1 und M 3. Schreibe über oder neben die Materialien.

3. Welche Überschriften der Materialien 2, 4 und 5 sprechen für das Einkaufen im Geschäft, welche für den Einkauf im Internet? Überprüfe deine Vermutung, indem du die Materialien noch einmal durchliest.

4. Arbeite die Argumente aus den Materialien 2, 4 und 5 heraus. Lege dazu drei Tabellen nach dem folgenden Muster an.
   TIPP: Notiere dir jeweils Zeilenangaben.

Argumente in Material 2		
These/Behauptung	**Begründung**	**Beispiel**
Online-Shopping ist teuer (Z. 10)	…	…
…		

Einen Schreibplan erstellen

1. Markiere alle Argumente für den Einkauf im Internet rot, alle Argumente für den Einkauf im Laden grün.

2. Notiere eigene Argumente für die eine oder andere Seite.

_____

_____

_____

_____

_____

_____

_____

_____

3. Ordne die Argumente der beiden Seiten nach ihrer Überzeugungskraft.
   Versieh die Argumente hierfür mit Zahlen. Die Zahl 1 bezeichnet das wichtigste Argument.

© 2017 Cornelsen Verlag GmbH, Berlin.
Alle Rechte vorbehalten.

Die Vervielfältigung dieser Seite ist für den eigenen Unterrichtsgebrauch gestattet.
Für inhaltliche Veränderungen durch Dritte übernimmt der Verlag keine Verantwortung.

Gibt es das auch offline?
Materialgestützt einen argumentierenden Text verfassen

Aufgaben

4. Wie willst du deine Erörterung aufbauen?
   a) Entscheide dich für eine der beiden Gliederungsweisen.

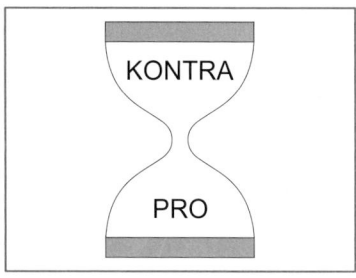 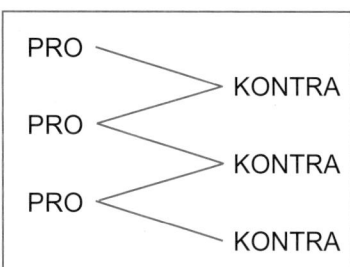

   b) Begründe deine Entscheidung.

_____

_____

_____

Den Text schreiben

1. Deine Erörterung soll auf der **Jugendseite** einer Zeitung erscheinen. Notiere Formulierungen, die dir für die Einleitung deines Artikels geeignet erscheinen. Arbeite in deinem Heft.

2. Formuliere die Argumente in deinem Heft aus. Zitiere dabei geeignete Textstellen aus den Materialien.

3. In Erörterungen findet sich am Ende traditionell
   • ein Ausblick in die weitere Zukunft,
   • eine Abwägung der genannten Argumente,
   • eine persönliche Entscheidung.
   Wähle eine dieser Varianten und formuliere sie in deinem Heft aus.

Den Text überarbeiten

1. Auch wenn du am Ende deine persönliche Meinung vertreten kannst, ist eine Erörterung doch in erster Linie eine neutrale Abwägung der gegensätzlichen Argumente. Prüfe daher, ob du schon im Hauptteil zu stark Partei ergriffen hast.

2. Zitate stützen deinen Text und verleihen ihm Überzeugungskraft. Überprüfe, ob du treffend und häufig genug zitierst.

3. Untersuche, ob die Leser deiner Erörterung ausreichend Informationen und Zahlen erhalten, um sich selbst eine Meinung bilden zu können.

4. Deine Erörterung besteht aus mehreren Argumentationsblöcken.
   Hast du an geeignete Überleitungen gedacht?

5. Überprüfe die Rechtschreibung und die Zeichensetzung in deinem Text.

© 2017 Cornelsen Verlag GmbH, Berlin.
Alle Rechte vorbehalten.

Die Vervielfältigung dieser Seite ist für den eigenen Unterrichtsgebrauch gestattet.
Für inhaltliche Veränderungen durch Dritte übernimmt der Verlag keine Verantwortung.

Fußball gucken? – Ja bitte! / Nein danke!

Materialgestützt einen argumentierenden Text verfassen

Aufgabenstellung

Kaum ist die Bundesliga vorbei, beherrschen WM oder EM das Fernsehprogramm. Ein Spiel der deutschen Nationalmannschaft ist nach wie vor ein „Straßenfeger", d. h., Millionen Menschen verbringen ihre Zeit vor dem Fernseher. Es scheint also jede Menge gute Gründe dafür zu geben, Fußball zu schauen. Aber gibt es nicht auch ein paar Gründe, die dagegen sprechen?

Fußball gucken – Ja oder nein? Erörtere diese Frage für die Schülerzeitung. Greife dabei auf die Materialien zurück und ergänze eigene Gedanken.

M 1 **Karl Heidegger: Fußball, Fußball, immer nur Fußball – TV-Sport ist eine Monokultur (2011)**

Die deutsche Leichtathletik-Szene ist entsetzt: Die Weltmeisterschaft in Korea wird im deutschen Fernsehen nicht live übertragen. Doch kann das überraschen?

5 Nein, sagen viele Beobachter, das kann nicht überraschen. Freitag Bundesliga, Samstag Bundesliga, Sonntag Bundesliga, Montag zweite Liga, Dienstag, Mittwoch und Donnerstag Europa-Pokal, dazu die Dritte Liga und italienischer, englischer, spanischer
10 Fußball: Das deutsche Fernsehen wird von einer einzigen Sportart dominiert. Selbst beim Sender

Sport1 – das ehemalige DSF –, der sich immerhin ab und an auch Sportarten wie Basketball und Handball widmet, ist das Wort „fußballlastig" noch eine Untertreibung. Wo aber bleiben Fechten, Eishockey, 15 Radsport und Volleyball? Wie geht es Ihnen: Vermissen Sie die Vielfalt im Sport-TV oder kann es gar nicht genug Fußball geben?

Aus: Badische Zeitung vom 23.02.2011
http://www.badische-zeitung.de/fussball-fussball-immer-nur-fussball-tv-sport-ist-eine-monokultur

M 2 **Die beliebtesten Sportarten (2015)**

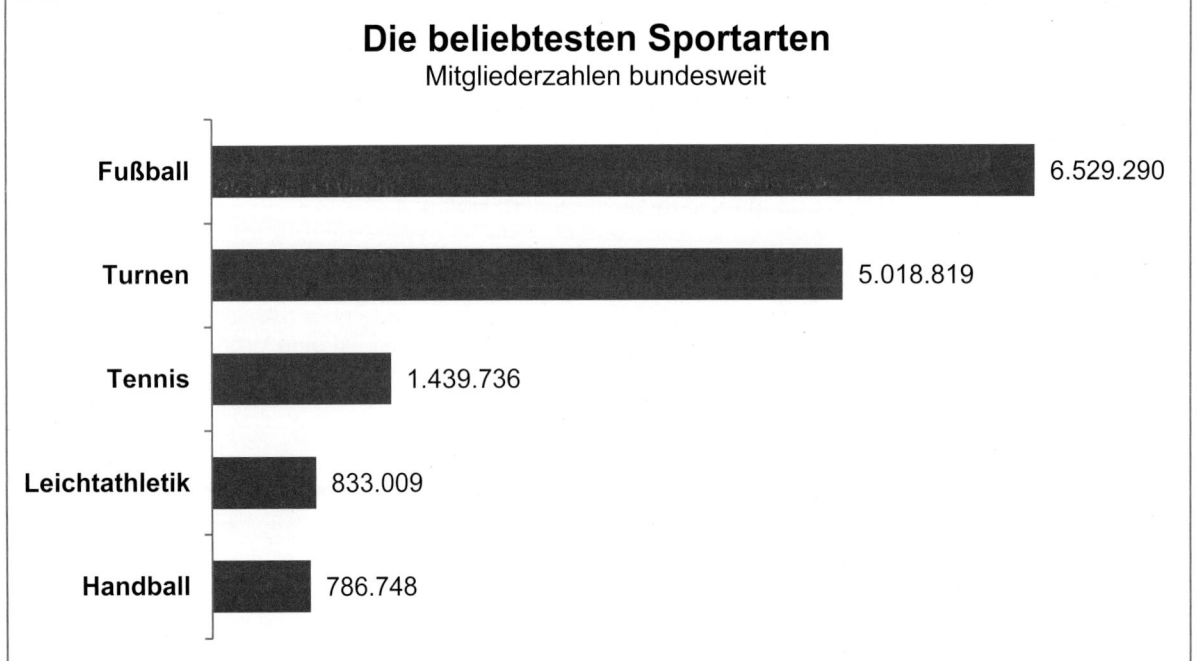

Die beliebtesten Sportarten
Mitgliederzahlen bundesweit

Sportart	Mitgliederzahl
Fußball	6.529.290
Turnen	5.018.819
Tennis	1.439.736
Leichtathletik	833.009
Handball	786.748

Quelle: rp-online

© 2017 Cornelsen Verlag GmbH, Berlin. Alle Rechte vorbehalten.

D e Vervielfältigung dieser Seite ist für den eigenen Unterrichtsgebrauch gestattet. Für inhaltliche Veränderungen durch Dritte übernimmt der Verlag keine Verantwortung.

Fortsetzung auf Seite 65

M 3 **Karikatur: Läuft wie geschmiert! (2016)**

M 4 **Peter Penders: Es geht nur noch ums Geld (2016)**

Es geht nur noch um Geld, um mehr Geld, um noch mehr Geld, um so viel Geld wie nur möglich. Seit die Vereine der englischen Premier League den Fernsehvertrag abgeschlossen haben, der ihnen von 2016 bis 2019 insgesamt 9,5 Milliarden Euro einbringen wird, ist die gesamte Fußballbranche in Bewegung.

Denn nicht nur auf der Britischen Insel können sich die Vereine wie Neureiche im Kaufrausch vermeintlich alles leisten, worauf sie gerade Lust haben – plötzlich ist für die Premier League mit den chinesischen Fußballklubs ein hartnäckiger Widersacher aufgetaucht, der auch mit Geld nur so um sich wirft. [...]

Wer sich darüber amüsiert, dem könnte das Lachen noch vergehen. Vom Spiel selbst ist schon jetzt kaum noch die Rede, wenn über Fußball gesprochen wird. Die europäischen Spitzenvereine haben längst die Idee einer Superliga lanciert, mit der dank der besseren Vermarktung noch mehr Erlöse erzielt werden könnten.

Natürlich soll diese Superliga nach Möglichkeit global spielen, also immer dort, wo sich gerade das meiste Geld verdienen lässt. Und während der deutsche Sport um jeden Euro für die Spitzenförderung seiner Athleten quasi betteln muss, will der Deutsche Fußball-Bund nebenbei für rund 100 Millionen Euro eine Nachwuchsakademie in Frankfurt bauen, und die Deutsche Fußball-Liga vermeldet stolz, dass die 18 Vereine der Bundesliga in der vergangenen Saison ihren Umsatz abermals steigern und mit 2,62 Milliarden Euro den elften Rekord nacheinander erzielen konnten.

Das soll so bleiben, denn 650 Millionen Euro aus dem Fernsehvertrag klingen ja wie Almosen. Eine Milliarde Euro plus x hat Karl-Heinz Rummenigge, der Vorstandschef der Münchner Bayern, als künftiges Ziel ausgegeben, eine Einzelvermarktung der Bayern ins Gespräch gebracht und die Zweitligaklubs gewarnt, nicht zu gierig zu werden. Und bei all diesen völlig irrsinnigen Summen überrascht es noch jemanden, dass den Handballspielern gerade die Herzen zufliegen, die nicht einmal eine Prämie für den EM-Titel ausgehandelt hatten?

Aus: FAZ vom 09.02.2016
http://www.faz.net/aktuell/sport/fussball/im-fussball-geht-es-nur-noch-ums-geld-im-handball-nicht-14056448.html

© 2017 Cornelsen Verlag GmbH, Berlin.
Alle Rechte vorbehalten.

Die Vervielfältigung dieser Seite ist für den eigenen Unterrichtsgebrauch gestattet.
Für inhaltliche Veränderungen durch Dritte übernimmt der Verlag keine Verantwortung.

Illustration:
Nils Fliegner, Hamburg

Fortsetzung auf Seite 66

Fußball gucken? – Ja bitte! / Nein danke!
Materialgestützt einen argumentierenden Text verfassen

M 5 **Die besten Tipps für Fußballhasser (2014)**

Ins Kino gehen Überall dort, wo man sonst von Menschenmassen zerquetscht wird, herrscht während der Spiele gähnende Leere. Da bietet sich beispielsweise mal wieder ein Besuch im Kino an. Freie Platzwahl und niemand, der einem während des Films reinquatscht – himmlisch. Vorher aber unbedingt versichern, dass kein Spiel im Kinosaal übertragen wird. Ansonsten: Einen großen Bogen um das Kino machen.	**Sport treiben** Auch eine Idee: Anstatt den Sport auf der Leinwand oder im Fernsehen zu verfolgen, kann man auch etwas für das gute Gewissen und den eigenen Körper tun und selbst Sport treiben. Netter Nebeneffekt: Fitnessstudios und beliebte Laufstrecken werden während der Spiele kaum genutzt. Man ist also völlig ungestört.
Einkaufen gehen Parkplätze direkt vorm Eingang, keine Einkaufswagennot und keine Schlangen – während Deutschlandspielen bietet es sich an, den Wocheneinkauf zu erledigen. Auch Shoppen funktioniert prima, wenn die Innenstadt wie ausgestorben ist.	**Fahrstuhl fahren!** Vom ersten bis in den 99. Stock, ohne dass irgendjemand mittendrin auf die Haltetaste drückt. Genießen Sie die Fahrt ohne Menschen neben ihnen, die mit betretenem Schweigen auf ihr Smartphone gucken und so tun, als ob sie irgendwas lesen würden. Und wenn Sie oben angekommen sind, drücken Sie die Erdgeschoss-Taste und fahren wieder runter. Und dann wieder rauf. Und dann wieder runter ...

Aus: Handelsblatt vom 29.06.2014; © Handelsblatt GmbH – ein Unternehmen der Verlagsgruppe Handelsblatt GmbH & Co. KG
http://www.handelsblatt.com/sport/wm2014/wm-nein-danke-die-besten-tipps-fuer-fussballhasser/10109216.html

Aufgaben

Die Aufgabenstellung verstehen, Vorwissen aktivieren

1. Untersuche die Aufgabenstellung. Markiere dazu mit unterschiedlichen Farben
   • das Thema deines Textes,
   • den wesentlichen Operator,
   • für wen du schreibst.

2. Notiere in Form eines Clusters, was dir zu der zentralen Frage einfällt.

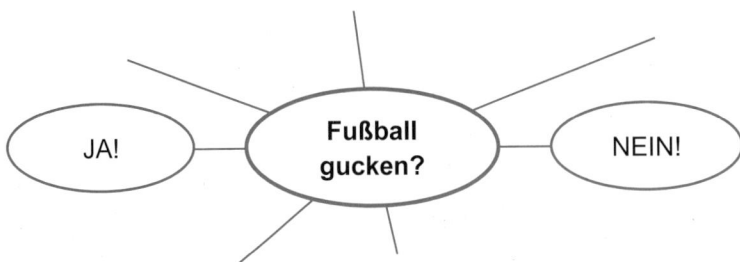

3. Ergänze Punkte für die Seite in deinem Cluster, die bislang noch schwächer vertreten ist.

© 2017 Cornelsen Verlag GmbH, Berlin. Alle Rechte vorbehalten.

Die Vervielfältigung dieser Seite ist für den eigenen Unterrichtsgebrauch gestattet.
Für inhaltliche Veränderungen durch Dritte übernimmt der Verlag keine Verantwortung.

Fußball gucken? – Ja bitte! / Nein danke!
Materialgestützt einen argumentierenden Text verfassen

Die Vervielfältigung dieser Seite ist für den eigenen Unterrichtsgebrauch gestattet.
Für inhaltliche Veränderungen durch Dritte übernimmt der Verlag keine Verantwortung.

© 2017 Cornelsen Verlag GmbH, Berlin.
Alle Rechte vorbehalten.

Aufgaben

Die Materialien analysieren und in Beziehung setzen

1. Lies die Überschriften der Materialien 1 bis 5. Kennzeichne neben den Überschriften mit Plus oder Minus, ob sie sich eher dafür (+) oder dagegen (−) aussprechen, Fußball zu gucken.

2. Lies nun die Materialien und prüfe, ob sich deine Vermutungen aus Aufgabe 1 bestätigen:
   • Markiere Textstellen in den Materialien, die deine Vermutungen bestätigen.
   • Ändere deine Kennzeichnung (+/−), wenn sich deine Vermutungen aus Aufgabe 1 nicht bestätigt haben.

3. Vergleiche die Kernaussagen der Materialien mit deinem Cluster (Aufgabe 2, Seite 66). Ergänze den Cluster, wenn sich durch die Materialien neue Punkte ergeben haben.

4. Die Materialien bevorzugen eindeutig die Kontraseite. Sind dir dennoch genug mögliche Gründe dafür eingefallen, Fußball zu gucken? Wenn nicht, ergänze deinen Cluster mit zwei oder drei der folgenden Stichpunkte:

> Teamgeist • Spannung • Identifikation • globales Medienereignis • Gesprächsstoff

Einen Schreibplan erstellen

1. Entscheide dich für eine Seite: Fußball gucken – Ja oder Nein?

2. Entwirf in deinem Heft eine Gliederung nach dem folgenden Muster. Die Seite, die du vertrittst, kommt zum Schluss.

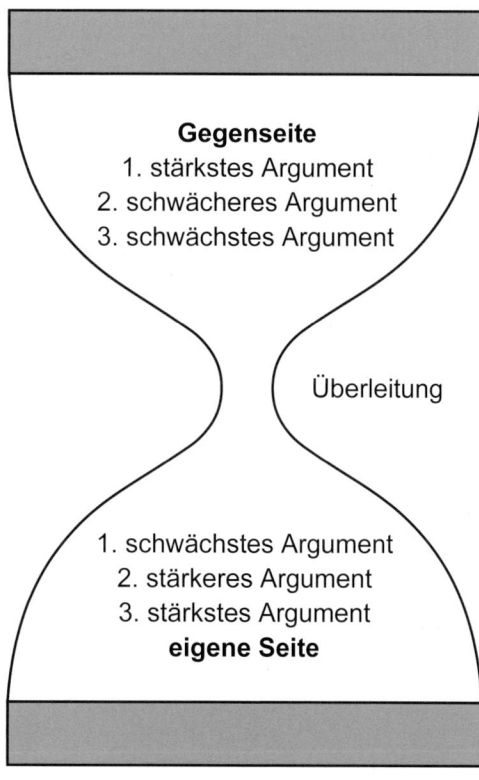

Gegenseite
1. stärkstes Argument
2. schwächeres Argument
3. schwächstes Argument

Überleitung

1. schwächstes Argument
2. stärkeres Argument
3. stärkstes Argument
eigene Seite

Fortsetzung auf Seite 68

Fußball gucken? – Ja bitte! / Nein danke!
Materialgestützt einen argumentierenden Text verfassen

Aufgaben

Den Text schreiben

1. Formuliere eine der folgenden Möglichkeiten für deine Einleitung aus:
   • Einleitung mit einem aktuellen Anlass aus dem Sport- oder Fußballgeschehen.
   • Einleitung mit einem persönlichen Erlebnis oder einer persönlichen Erfahrung.
   • Einleitung mit einem überraschenden Zitat oder einer Zahl aus den Materialien.

   _____

   _____

   _____

   _____

2. Stelle am Ende deiner Einleitung klar, worum es in der folgenden Erörterung gehen wird.

   _____

   _____

3. Formuliere deine Argumente aus. Achte dabei auf den Dreischritt von Behauptung, Begründung und Beispiel.

4. Schreibe einen Schluss. Du kannst zum Beispiel
   • deine persönliche Meinung darlegen,
   • auf die Einleitung Bezug nehmen,
   • einen weiterführenden Gedanken formulieren.

   _____

   _____

   _____

   _____

Den Text überarbeiten

1. Überprüfe, ob du abwechslungsreich formuliert hast: Wie beginnen deine …
   • Absätze?
   • Behauptungen?
   • Begründungen?
   • Beispiele?

2. Vergleiche deine Argumente mit den Materialien, auf die sie sich stützen: Passen deine Argumente zu den jeweiligen Materialien?

3. Kontrolliere deine Grammatik, Rechtschreibung und Zeichensetzung.

© 2017 Cornelsen Verlag GmbH, Berlin. Alle Rechte vorbehalten.

Die Vervielfältigung dieser Seite ist für den eigenen Unterrichtsgebrauch gestattet. Für inhaltliche Veränderungen durch Dritte übernimmt der Verlag keine Verantwortung.

Wann soll die Schule beginnen?

Materialgestützt einen argumentierenden Text verfassen

Aufgabenstellung

Der Wecker klingelt: Das Signal, aufzustehen und sich bald danach auf den Weg zur Schule zu machen! Umstritten ist allerdings, wann die Schule beginnen sollte. In einer Rede vor der Versammlung der Klassensprecherinnen und Klassensprecher willst du dazu Stellung beziehen. Ob du dich für einen früheren oder späteren Schulbeginn aussprichst, ist dir natürlich freigestellt, Argumente der Gegenseite sollten aber berücksichtigt werden.

M 1   **Unterrichtsbeginn in Europa (2015)**

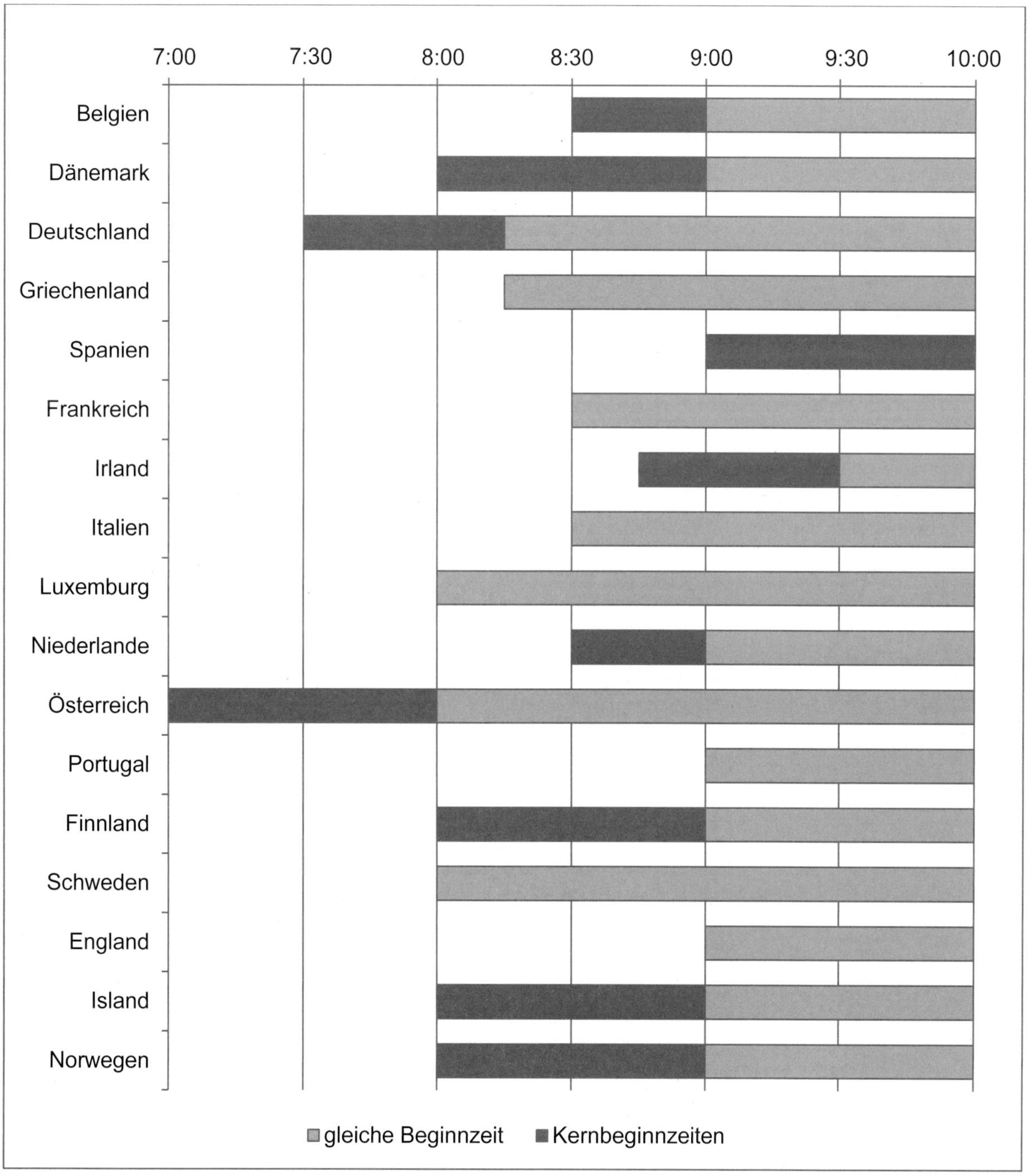

Quelle: Der Standard

© 2017 Cornelsen Verlag GmbH, Berlin. Alle Rechte vorbehalten.

Die Vervielfältigung dieser Seite ist für den eigenen Unterrichtsgebrauch gestattet. Für inhaltliche Veränderungen durch Dritte übernimmt der Verlag keine Verantwortung.

Fortsetzung auf Seite 70

M 2 **Matthias Kohlmaier: „Das ist eine biologische Diskriminierung" –**
Interview mit Till Roenneberg (2015)

Kohlmaier (Süddeutsche Zeitung): Welchen Einfluss hat das Alter auf das Schlaf- und Aufstehverhalten von Schülern?
Roenneberg (Chronobiologe[1]): Bei Kindern ist die
5 innere Uhr früh dran, sie sind also im Durchschnitt frühmorgens wach. Mit den Jahren wird die innere Uhr dann immer später – bei Frauen bis zum Alter von etwa 19,5, bei Männern bis zum Alter von etwa 21 Jahren. Für Kinder ist der Schulbeginn um 8 Uhr
10 also noch nicht so schlimm. Kritisch wird es ab etwa 14 Jahren. 19-jährige müssen teils während ihrer inneren Mitternacht am Unterricht teilnehmen. Wenn sie ausschlafen dürften, wären sie deutlich zugänglicher und aufnahmefähiger.
15 **Kohlmaier:** Das müsste einen spürbaren Einfluss auf in den ersten Schulstunden geschriebene Klassenarbeiten haben.
Roenneberg: Den hat es auch. Man kann nachweisen, dass Prüfungsnoten vom Chronotypus abhän-

gen – also davon, ob der Schüler Früh- oder Spät- 20 schläfer ist. Das liegt sowohl am falschen Zeitpunkt des Lernens als auch an zu früh festgesetzten Prüfungen. Der Schulbeginn um 8 Uhr stellt eine echte biologische Diskriminierung dar. Überspitzt gesagt entscheidet sich dadurch, ob jemand nach dem Abi- 25 tur Medizin studieren kann oder nicht. […]
Kohlmaier: Aus biologischer Sicht: Wann sollte die Schule für die einzelnen Altersgruppen idealerweise anfangen?
Roenneberg: In der Unterstufe um 8, in der Mittel- 30 stufe um 9 und in der Oberstufe um 10 Uhr.

Aus: Süddeutsche Zeitung vom 16.06.2015
http://www.sueddeutsche.de/bildung/2.220/unterrichtsbeginn-um-uhr-das-ist-eine-biologische-diskriminierung-1.2518346

1 Chronobiologe: untersucht z. B. die Auswirkungen der sogenannten biologischen Uhr des Menschen in sozialer oder medizinischer Hinsicht.

 M 3 **Cordula Eubel, Benedikt Voigt: Gymnasium mit Gleitzeit (2016)**

Wenn Robert Rauh seinen Schülern einen schwierigen Stoff beibringen will, meidet er die erste Schulstunde. „In manchen Klassen wäre das ein didaktisches Himmelfahrtskommando", sagt der 48 Jahre
5 alte Lehrer vom Berliner Barnim-Gymnasium, „viele Schüler sind um 8 Uhr morgens noch nicht in der Lage, sich zu konzentrieren." […].
Robert Rauh kennt das Bild. Der frühe Unterrichtsbeginn habe nur einen lehrerfreundlichen Nebenef-
10 fekt, sagt der Lehrer für Geschichte, Politik und Deutsch: Am frühen Morgen habe man weniger Disziplinprobleme. „Die Schüler schlafen noch halb", sagt er. Die Resonanz auf seine Forderung nach späterem Schulbeginn war groß, viel geändert
15 hat sich allerdings nicht. Das John-Lennon-Gymnasium in Mitte befragte sein Schüler – mit einem interessanten Ergebnis: Sie waren mehrheitlich gegen einen späteren Schulbeginn. „Sie hatten Angst, dass die Schule noch später endet und ihre Freizeit
20 noch kürzer wird", berichtet Robert Rauh. Er plädiert für eine Straffung des Lehrplans und eine Reduzierung der Stundenzahl an Gymnasien. Auch in der Politik mehren sich Stimmen für einen späteren Unterrichtsbeginn. […]

Unterrichtet wird [in der Alsdorfer Schule] nach 25 dem Dalton-Plan der US-Pädagogin Helen Parkhurst. Neben den herkömmlichen Stunden können sich die Schüler pro Woche zehn Unterrichtsstunden selbst einteilen, um Aufgaben eigenständig zu lösen. Die erste Stunde ist in Alsdorf eine Dalton-Stunde, 30 in der Schüler aus unterschiedlichen Klassen und Jahrgängen bei einem Lehrer ihrer Wahl arbeiten. Sie entscheiden selbst, mit wem sie arbeiten und woran. Erst ab der zweiten Stunde herrscht Anwesenheitspflicht. 35
Joelle und Julia, beide 16, sind schon zur ersten Stunde gekommen und machen Biologie, andere lernen im selben Klassenraum Englisch oder Mathe. Wenn die Stunde vorbei ist, bekommen sie dafür vom Lehrer einen Stempel. Luca Diehr schläft lieber 40 aus und holt den Unterricht in Freistunden nach: „Früher haben wir in den Freistunden Karten gespielt, jetzt arbeitet man und kann dafür länger schlafen", berichtet der Alsdorfer Schüler. […]

Aus: Tagesspiegel vom 11.04.2016
http://www.tagesspiegel.de/weltspiegel/debatte-um-spaeteren-schulbeginn-in-deutschland-gymnasium-mit-gleitzeit/13432304.html

© 2017 Cornelsen Verlag GmbH, Berlin.
Alle Rechte vorbehalten.
Die Vervielfältigung dieser Seite ist für den eigenen Unterrichtsgebrauch gestattet.
Für inhaltliche Veränderungen durch Dritte übernimmt der Verlag keine Verantwortung.

Fortsetzung auf Seite 71

Wann soll die Schule beginnen?
Materialgestützt einen argumentierenden Text verfassen

M 4 **Jörg Isringhaus, Christian Schwerdtfeger: Eltern gegen Schulbeginn um neun (2012)**

Wenn Linn Weinberg morgens um 6.30 Uhr aufsteht, hat sie vor allem eines: großen Hunger. Aber keine Zeit. „Ich muss mich mit dem Essen wahnsinnig beeilen", klagt die Achtjährige vom Niederrhein.
5 Denn um 8 Uhr fängt die Schule an, 20 Minuten vorher muss sie das Haus verlassen.
Linn Weinberg gehört deshalb zu denjenigen, die einen späteren Schulbeginn befürworten würden. Erstens könnte sie länger schlafen, zweitens mehr
10 essen. Ihre Mutter Bianca sieht das etwas anders. „Wenn die Schule erst um 9 Uhr starten würde, wäre das für uns dramatisch, weil die Abläufe nicht mehr funktionieren."
Grünen-Chef und Bildungsexperte Cem Özdemir
15 hatte die Diskussion zum Ende der Sommerferien angestoßen. Er plädiert für einen nach hinten verschobenen Unterrichtsanfang, weil Schüler „dann konzentrierter und besser bei der Sache sind". Linn Weinbergs ältere Schwester Jana widerspricht. Für
20 die Zwölfjährige, die jetzt in die siebte Klasse kommt, sind die Morgenstunden die produktivsten. Auch ihr Unterricht beginnt um 8 Uhr. „Ich werde erst gegen Mittag müde", sagt sie.
Der Idee, den Schulstart nach hinten zu verlegen,
25 erteilt sie eine klare Absage. Auch deshalb, weil sich das Schulende genauso verschieben würde. „Dann wäre ich erst gegen 15 Uhr wieder daheim. Das wäre viel zu spät, um Hausaufgaben zu machen und Freundinnen zu treffen."

Aus Sicht von Janas und Linns Eltern spielen ganz 30 andere Faktoren eine Rolle. Thomas Weinberg ist bereits in aller Frühe unterwegs. Bianca Weinberg ist ebenfalls berufstätig, sie verlässt das Haus gemeinsam mit den Kindern. „So habe ich die Gewissheit, dass alles seine Ordnung hat", sagt sie. 35
Bei einem späteren Schulstart wären die Kinder sich selbst überlassen, eine Vorstellung, die der 39-Jährigen nicht behagt. Auch was den Biorhythmus der Kinder betrifft, sieht sie keine Vorteile. „Die Kinder sind morgens sehr leistungsfähig und stehen 40 selbst am Wochenende freiwillig früh auf", sagt sie. „Und wenn sich in den Ferien der Rhythmus ein wenig nach hinten verschiebt, werden sie eher unruhiger."
Für Rudolf Hoffmann, Facharzt für Pneumologie 45 und Somnologie (Schlafmedizin) am Schlaflabor des Klinikums Krefeld, spielt es aus medizinischer Sicht überhaupt keine Rolle für die Konzentrationsfähigkeit, ob der Unterricht um 8 oder 9 Uhr beginnt. „Das macht überhaupt keinen Unterschied. Bei Kin- 50 dern ab dem sechsten und siebten Lebensjahr ist der Biorhythmus nicht viel anders als bei einem Erwachsenen", sagt Hoffmann. […]

Aus: RP online vom 21.08.2012
http://www.rp-online.de/nrw/landespolitik/eltern-gegen-schulbeginn-um-neun-aid-1.2960333

© 2017 Cornelsen Verlag GmbH, Berlin.
Alle Rechte vorbehalten.

Die Vervielfältigung dieser Seite ist für den eigenen Unterrichtsgebrauch gestattet.
Für inhaltliche Veränderungen durch Dritte übernimmt der Verlag keine Verantwortung.

Illustration:
Nils Fliegner, Hamburg

Fortsetzung auf Seite 72

Wann soll die Schule beginnen?
Materialgestützt einen argumentierenden Text verfassen

Aufgaben

Die Aufgabenstellung verstehen, Vorwissen aktivieren

1. Lies dir die Aufgabenstellung genau durch. Beantworte dann die folgenden Fragen:
   Was genau soll das Thema der Rede sein?

   _____

   _____

2. An wen richtet sich deine Rede?

   _____

3. Was sollst du mit deiner Rede erreichen?

   _____

   _____

4. Notiere deine eigenen Zeiten in der folgenden Tabelle.

	Montag	**Dienstag**	**Mittwoch**	**Donnerstag**	**Freitag**
Aufstehen					
Weg zur Schule					
Unterrichtsbeginn					
Unterrichtsende					
Wieder zu Hause					

5. Wie schätzt du dich ein? Wie die Allgemeinheit? Setze in den folgenden drei Skalen
   jeweils einen Strich für dich selbst (rot) und für die Allgemeinheit (blau).
   a) Welcher Typ bist du / ist die Mehrheit?

Frühaufsteher ←	→ Langschläfer

   b) Welche Menschen schätzt du / die Allgemeinheit positiv ein?

Frühaufsteher ←	→ Langschläfer

   c) Wann ist bei dir / bei der Allgemeinheit die produktivste Phase?

6 Uhr ←	→ 12 Uhr

6. Notiere Redewendungen und Sprichwörter, die mit dem Thema in Verbindung stehen.

   _____

   _____

© 2017 Cornelsen Verlag GmbH, Berlin.
Alle Rechte vorbehalten.

Die Vervielfältigung dieser Seite ist für den eigenen Unterrichtsgebrauch gestattet.
Für inhaltliche Veränderungen durch Dritte übernimmt der Verlag keine Verantwortung.

Fortsetzung auf Seite 73

Wann soll die Schule beginnen?
Materialgestützt einen argumentierenden Text verfassen

Aufgaben

Die Materialien analysieren und in Beziehung setzen

1. Lies dir die Materialien durch und markiere die verschiedenen Argumente (Behauptungen, Begründungen, Beispiele):
   - Markiere Argumente für einen frühen Schulbeginn mit Grün.
   - Markiere Argumente gegen einen frühen Schulbeginn mit Rot.

2. Ordne die deiner Ansicht nach besten Argumente nun in die folgende Tabelle ein.
   Notiere Stichpunkte.

PRO früher Unterrichtsbeginn	KONTRA früher Unterrichtsbeginn

3. Sieh dir das Diagramm (M 1) genauer an und notiere deine Ergebnisse und bei c) deine Überlegungen.
   a) Was ist in Europa insgesamt gesehen der üblichste Schulbeginn?

   _____

   b) Was sind die extremsten Werte?

   _____

   c) Wie ist der Schulbeginn in Deutschland einzuschätzen?

   _____

   _____

   _____

4. Markiere Stellen in den Materialien, in denen es um Uhrzeiten und um Altersangaben geht. Notiere die Uhrzeiten bzw. Altersangaben dann in der folgenden Tabelle und fasse jeweils rechts daneben kurz die Textaussage zusammen. Halte in Klammern auch fest, in welchem Material du die Aussage gefunden hast.

Uhrzeit	Aussage + Material		Alter	Aussage + Material
8 Uhr	unter 14 für den Schulbeginn nicht problematisch (M 2)		ab 14	Problem mit dem Schulbeginn um 8 Uhr (M 2)

© 2017 Cornelsen Verlag GmbH, Berlin.
Alle Rechte vorbehalten.

Die Vervielfältigung dieser Seite ist für den eigenen Unterrichtsgebrauch gestattet.
Für inhaltliche Veränderungen durch Dritte übernimmt der Verlag keine Verantwortung.

Fortsetzung auf Seite 74

Wann soll die Schule beginnen?
Materialgestützt einen argumentierenden Text verfassen

Aufgaben

Einen Schreibplan erstellen

1. Die Aufgabenstellung stellt dir frei, ob du dich für oder gegen einen frühen Schulbeginn aussprichst. Notiere zunächst, warum du dich für eine der beiden Seiten entschieden hast.

_____

_____

2. Welches Argument hat dich besonders überzeugt? Ordne die Argumente (Aufgabe 2, Seite 73), die deine Meinung untermauern, vom stärksten Argument zum schwächsten Argument.

3. Überlege, in welcher Form du Gegenargumente berücksichtigen willst. Kreuze an.
   - ☐ **Zuerst** Gegenargumente kurz benennen, **dann** die gewichtigen Argumente für deine Position ausführlich darstellen.
   - ☐ **Jeweils bei** deinen Argumenten ein mögliches Gegenargument benennen, es aber an dieser Stelle entkräften.
   - ☐ **Zuerst** ein Argument für deine Position darstellen, **dann** Gegenargumente einräumen, **schließlich** restliche Argumente für deine Position darstellen.

Den Text schreiben

1. Erprobe Möglichkeiten, das Hörerinteresse zu wecken, z. B.:
   - eine Einleitung mit überraschenden Informationen aus den Materialien,
   - eine Einleitung mit einer passenden persönlichen Erfahrung,
   - eine Einleitung mit einem Zitat, einer Redewendung oder einem Sprichwort,
   - eine Einleitung mit einer Provokation,
   - eine Einleitung mit einem scheinbar unpassenden Gedanken.

2. Formuliere die Argumente für deine Position in deinem Heft aus.

3. Überlege dir passende Formulierungen, mit denen du zu den Gegenargumenten überleitest.

   allerdings, wenn man aber, _____

   _____

4. Bündle deine Argumente am Schluss in einem einprägsamen Fazit. Schreibe ins Heft.

Den Text überarbeiten

1. Prüfe, ob deine Rede in Wortwahl und Satzbau angemessen für dein Publikum ist.

2. Untersuche, ob du deine Zuhörer ansprichst und einbeziehst.

3. Überlege, wie überzeugend deine Rede ist:
   - Steigert sich die Überzeugungskraft deiner Argumente?
   - Sind deine Argumente leicht zu widerlegen?
   - Was werden sich die Zuhörer von deiner Rede merken können?

© 2017 Cornelsen Verlag GmbH, Berlin. Alle Rechte vorbehalten.

Die Vervielfältigung dieser Seite ist für den eigenen Unterrichtsgebrauch gestattet. Für inhaltliche Veränderungen durch Dritte übernimmt der Verlag keine Verantwortung.

Cornelsen

Veganismus – Ja oder Nein?

Materialgestützt einen argumentierenden Text verfassen

© 2017 Cornelsen Verlag GmbH, Berlin.
Alle Rechte vorbehalten.

Die Vervielfältigung dieser Seite ist für den eigenen Unterrichtsgebrauch gestattet.
Für inhaltliche Veränderungen durch Dritte übernimmt der Verlag keine Verantwortung.

Aufgabenstellung

Sobald über Veganer gesprochen wird – Menschen, die beim Essen auf Produkte tierischen Ursprungs verzichten –, kommt es zu erregten Diskussionen. Aus diesem Grund sollst du für die Schülerzeitung einen Kommentar zum Thema „Veganismus" verfassen. Du bist frei darin, ob du dich für oder gegen den Veganismus aussprichst. Du solltest aber auch Gegenargumente kurz erwähnen. Arbeite auf der Grundlage des vorliegenden Materials. Dein Text sollte einen Umfang von etwa 500 Wörtern haben.

 M 1   **Silvia Liebrich: Das neue Bio (2015)**

[…] Veganes und vegetarisches Essen sei der nächste große Trend in der Biobranche, erwartet der Bund Ökologische Lebensmittelwirtschaft (BÖLW). Auch beim Bundesverband des Deutschen Lebensmittel-
5 handels (BVLH) zeigt man sich beeindruckt. „Mit diesen Wachstumsraten wird der vegane Trend auch für den konventionellen Handel interessant", sagt ein Sprecher. Er vermutet, dass wachsende Kritik an der Tierhaltung dazu beigetragen hat.
10 Zugleich warnt der Handelsverband aber davor, den Boom zu überschätzen. Nach wie vor sei die Zahl der Veganer in Deutschland relativ gering. Das bestätigt auch eine aktuelle Umfrage des Meinungsforschungsinstituts Yougov. Nur 1,1 Prozent der Be-
15 fragten gaben an, dass sie sich überwiegend vegan ernähren. Dagegen bekannten sich 88 Prozent zu regelmäßigem Fleischkonsum. Studien zeigen zudem: Der typische Veganer ist weiblich und hat studiert. Fest steht aber auch, dass das vegane Leben
20 ganz schön teuer werden kann. Ein 500-Gramm-Becher Eis kostet bei „Veganz" fünf Euro und mehr. Veganes Shampoo oder Duschgel ist bis zu vier Mal teurer als ein konventionelles Produkt. […]

Verbraucherschützer verfolgen den Boom mit gemischten Gefühlen. Susanne Moritz von der Ver- 25 braucherzentrale Bayern kritisiert, dass viele vegane Fertigprodukte stark verändert seien. „Um die gewünschte Konsistenz und das Aussehen zu erreichen, werden viele Zusatzstoffe, Aromastoffe und andere Hilfsmittel eingesetzt. Mit naturbelassener 30 Ernährung hat das wenig zu tun." Hinzu komme, dass es keine strengen Herstellungsrichtlinien gebe, wie für Bioprodukte. Vegane Produkte sind mit einem „V" gekennzeichnet. Das bedeutet jedoch nicht, dass sie automatisch auch bio seien. 35
Ein weiteres Manko sieht die Verbraucherschützerin in den Angaben auf den Verpackungen. Viele der veganen Produkte kommen aus dem Ausland, weil das inländische Angebot fehlt. „Wir stellen fest, das immer wieder Erklärungen auf Deutsch fehlen, das 40 ist nach EU-Recht nicht erlaubt." Außerdem fragt sie sich, „wo der Nachhaltigkeitsgedanke bleibt, wenn Waren um die halbe Welt transportiert werden müssen".

Aus: Süddeutsche Zeitung vom 11.02.2015
http://www.sueddeutsche.de/wirtschaft/2.220/vegane-ernaehrung-das-neue-bio-1.2344538

 M 2   **Zitate**

> Gott wünscht, dass wir den Tieren beistehen, wenn sie der Hilfe bedürfen.
> Ein jedes Wesen in Bedrängnis hat gleiches Recht auf Schutz. *(Franz von Assisi)*

> Die Größe und den moralischen Fortschritt einer Nation kann man daran messen,
> wie sie die Tiere behandelt. *(Mahatma Gandhi)*

> Ich habe schon in jüngsten Jahren dem Essen von Fleisch abgeschworen, und die Zeit wird kommen,
> da die Menschen die Tiermörder mit gleichen Augen betrachten werden wie jetzt die Menschenmörder.
> *(Leonardo da Vinci)*

M 3 **T-Shirt (2016)**

M 4 **Lydia Klöckner: Ist Veganismus wider die Natur? (2013)**

Kann man durch vegane Ernährung Krankheiten vorbeugen oder sie sogar heilen?

Mehrere Untersuchungen haben gezeigt, dass Veganer schlanker sind und einen niedrigeren Blutdruck
5 haben als Vegetarier und Fleischesser. All das spricht dafür, dass eine vegane Ernährung westlichen Zivilisationskrankheiten wie Herz-Kreislauf-Erkrankungen und Diabetes vorbeugen oder ihnen sogar entgegenwirken kann. Der Grund ist wohl,
10 dass Veganer häufig weniger Fett konsumieren als Mischköstler. Vor allem tierische Fette lassen die Konzentration des Lipids Cholesterin im Blut ansteigen, welches sich in den Arterien ablagern kann. Das kann auf Dauer zu verhärteten und verengten
15 Blutbahnen führen.

Nutzt vegane Ernährung der Umwelt?

Wer Fleisch isst, belastet das Klima. Laut dem Potsdam-Institut für Klimafolgenforschung stammen allein 14 Prozent der vom Menschen verursachten
20 Treibhausgas-Emissionen aus der Landwirtschaft.

Das Gas Methan, das Rinder bei der Verdauung ausstoßen, heizt das Klima etwa 25 Mal stärker an als Kohlendioxid. Hinzu kommt, dass Kühe häufig mit Soja gefüttert werden, für dessen Anbau in Südamerika Regenwälder abgeholzt werden, die zu den 25 wichtigsten CO_2-Speichern der Erde zählen. Der Verzicht auf Fleisch kann also tatsächlich dazu beitragen, den Ausstoß von Treibhausgasen zu verringern.

Allerdings werden auch Tofu und andere Fleischersatzprodukte aus Soja hergestellt. Wer sich vegan 30 und klimafreundlich ernähren möchte, sollte seinen Eiweißbedarf also vor allem mit Hülsenfrüchten und Nüssen decken – oder sich erkundigen, wo genau die im Tofu verarbeiteten Sojabohnen angebaut 35 wurden.

Aus: DIE ZEIT vom 28.10.2013
http://www.zeit.de/wissen/gesundheit/2013–10/veganismus-gesundheit-faq/komplettansicht?print

© 2017 Cornelsen Verlag GmbH, Berlin.
Alle Rechte vorbehalten.

Die Vervielfältigung dieser Seite ist für den eigenen Unterrichtsgebrauch gestattet.
Für inhaltliche Veränderungen durch Dritte übernimmt der Verlag keine Verantwortung.

Illustration:
Nils Fliegner, Hamburg

Fortsetzung auf Seite 77

Veganismus – Ja oder Nein?
Materialgestützt einen argumentierenden Text verfassen

M 5 **Petra Kirchhoff interviewt Antje Gahl von der Deutschen Gesellschaft für Ernährung (2013)**

Welche Personen sollten sich nicht vegan ernähren?

Allen Frauen, die schwanger sind oder stillen, raten wir wegen des erhöhten Nährstoffbedarfs vorsichts-
5 halber ab. Auch bei Säuglingen und Kleinkindern halten wir eine ausreichende Versorgung, etwa mit Eisen und Vitamin B 12, bei einer veganen Ernährung nach der derzeitigen Sachlage für kaum sicher-gestellt.

10 **Sehen Sie grundsätzlich kritische Punkte bei der veganen Ernährung?**

Ja. Vitamin B 12 vor allem gehört zu den kritischen Nährstoffen, weil es fast ausschließlich in tierischen Produkten vorkommt.

15 **Was ist mit Kalzium?**

Auch Kalzium kann bei Verzicht auf Käse und Milch ein Problem sein, wenn zum Ausgleich nicht genügend Broccoli, Mandeln oder Spinat verzehrt

werden. Grundsätzlich gilt: Je einseitiger die vegane Ernährung, desto größer die Gefahr der Unterver- 20 sorgung.

Der Vegetarier Bund empfiehlt Veganern, den Vitamin-B12-Status regelmäßig vom Hausarzt überprüfen zu lassen und gegebenenfalls mit Nahrungsergänzungsmitteln nachzuhelfen. Ist 25 **das im Sinne einer guten Ernährung?**

Nahrungsergänzungsmittel gehören in der Tat nicht zu unseren Grundregeln und Empfehlungen. Aller-dings wird man das Fehlen dieses Vitamins, das etwa in geringen Mengen nur in Sauerkraut und 30 Algen vorkommt, ohne Ersatz in der Regel nicht ausgleichen können.

Aus: FAZ vom 23.01.2013
http://www.faz.net/aktuell/rhein-main/im-gespraech-antje-gahl-wir-empfehlen-vegane-ernaehrung-nicht-12036801.html

Aufgaben

Die Aufgabenstellung verstehen, Vorwissen aktivieren

1. Lies in der Aufgabenstellung nach, was „Veganismus" bedeutet. Zähle Dinge auf, die Veganer nicht essen.

_____

_____

_____

2. Notiere, wie du – jetzt gerade oder schon früher – spontan reagiert hast, als du vom Veganismus gehört hast.

_____

_____

_____

3. Erkläre mit eigenen Worten, wie du laut Aufgabe mit Pro- und Kontra-Argumenten umgehen sollst.

_____

_____

4. Mache dir klar, was die Textsorte „Kommentar" von dir verlangt. Lies den Steckbrief auf den Seiten 44 und 45.

© 2017 Cornelsen Verlag GmbH, Berlin. Alle Rechte vorbehalten.

Die Vervielfältigung dieser Seite ist für den eigenen Unterrichtsgebrauch gestattet.
Für inhaltliche Veränderungen durch Dritte übernimmt der Verlag keine Verantwortung.

Cornelsen

Fortsetzung auf Seite 78

Veganismus – Ja oder Nein?
Materialgestützt einen argumentierenden Text verfassen

Aufgaben

Die Materialien analysieren und in Beziehung setzen

1. Verschaffe dir einen Überblick über die Materialien und setze sie in Beziehung zueinander.
   a) Übertrage die folgende Pro-und-Kontra-Tabelle, so wie hier abgebildet, **mit Bleistift** in dein Heft. Lies dann die Materialien durch und fülle die Tabelle aus. Gib zu jedem Gesichtspunkt (= Aspekt) immer auch die Nummer des Materials an.

Für vegane Ernährung spricht:	Gegen vegane Ernährung spricht:
die Art der Tierhaltung (M 1)	…
…	…

   b) Untersuche, ob Aspekte in deiner Tabelle mehrfach vorkommen. Radiere, wenn sich Aspekte doppeln, füge aber die Materialnummer dem verbliebenen Aspekt hinzu, z. B.: *die Art der Tierhaltung (M 1), (M 2)*
   c) Überlege, ob dir Aspekte einfallen, die noch nicht in deiner Tabelle stehen. Schreibe auch sie in die Tabelle.
   d) Nummeriere deine Aspekte auf der Pro- und auf der Kontra-Seite. Der überzeugendste Aspekt erhält die Nummer 1.
   e) Welche Aspekte der Pro-Seite lassen sich mit Aspekten der Kontra-Seite verbinden? Ziehe Linien.

Einen Schreibplan erstellen

1. Überlege, welchen grundsätzliche Position du in deinem Kommentar einnehmen willst:
   • Du willst die Leser vom Veganismus überzeugen.
   • Der Veganismus überzeugt dich nicht, du rätst ab.

2. Begründe deine Entscheidung aus Aufgabe 1 kurz.

   _____

   _____

   _____

3. Die Textlänge ist begrenzt. Überlege daher genau, welche Argumente du einbringen möchtest.

4. Wie ist der Hauptteil eines Kommentars aufgebaut? Du kannst dazu noch einmal in der Aufgabenstellung und im Steckbrief auf Seite 45 nachlesen.

5. Notiere in deinem Heft eine Gliederung für deinen Kommentar.

6. Leichter gesagt als getan: Der Schluss eines Kommentars soll pointiert und originell sein. Überlege also, wie du deine Ansicht so auf den Punkt bringen kannst, dass du deine Leser überzeugst oder wenigstens nachdenklich stimmst. Notiere Stichpunkte.

   _____

   _____

© 2017 Cornelsen Verlag GmbH, Berlin. Alle Rechte vorbehalten.

Die Vervielfältigung dieser Seite ist für den eigenen Unterrichtsgebrauch gestattet. Für inhaltliche Veränderungen durch Dritte übernimmt der Verlag keine Verantwortung.

Fortsetzung auf Seite 79

Veganismus – Ja oder Nein?
Materialgestützt einen argumentierenden Text verfassen

Aufgaben

Den Text schreiben

1. Erprobe für deine Einleitung eines der folgenden Mittel:
   - Benenne Gegensätze.
   - Führe überraschende Zahlen an.
   - Verwende ein verblüffendes Zitat aus dem Material.
   - Sprich deine Leser an.

   _____

   _____

   _____

   _____

   _____

2. Formuliere dein wichtigstes Argument in deinem Heft überzeugend aus. Zähle dann die Wörter, um einschätzen zu können, wie viele weitere Argumente du bei der Vorgabe von 500 Wörtern anführen kannst.

3. Formuliere deine weiteren Argumente aus. Arbeite im Heft.

4. Ergänze weitere sprachliche Verknüpfungen, mit denen du zu Gegenargumenten überleiten kannst.

   auf der anderen Seite, obwohl, aber, dagegen _____

   _____

5. Formuliere den Schluss deines Kommentars. Greife dafür auf deine Vorüberlegungen zurück.

   _____

   _____

   _____

   _____

Den Text überarbeiten

1. Zähle deine Wörter. Wie nah kommst du der Vorgabe aus der Aufgabenstellung?

2. Der Kommentar stellt eine eher knappe Form der Argumentation dar.
   Untersuche, wo du kürzen oder geraffter und pointierter formulieren kannst.

3. Sprachlich darf ein Kommentar auch mal humorvoll oder ironisch sein.
   Hast du dies in deinem Text berücksichtigt?

4. Diskutiere deinen Text mit einem deiner Leser.

© 2017 Cornelsen Verlag GmbH, Berlin. Alle Rechte vorbehalten.

Die Vervielfältigung dieser Seite ist für den eigenen Unterrichtsgebrauch gestattet. Für inhaltliche Veränderungen durch Dritte übernimmt der Verlag keine Verantwortung.

Lösungen

Seite 10
Informierend schreiben – Die Aufgabenstellung untersuchen

zu 2 und 3:
- Schüler/Eltern/Lehrer; Adressat
- Trinkwasserkonsum; Thema
- Informationen und Fakten; Sachtext
- vielfältig darüber informieren, wofür und wie viel Trinkwasser genutzt wird; Inhalt

Seite 11
Informierend schreiben – Aufgabenstellung und Materialien

zu 3:

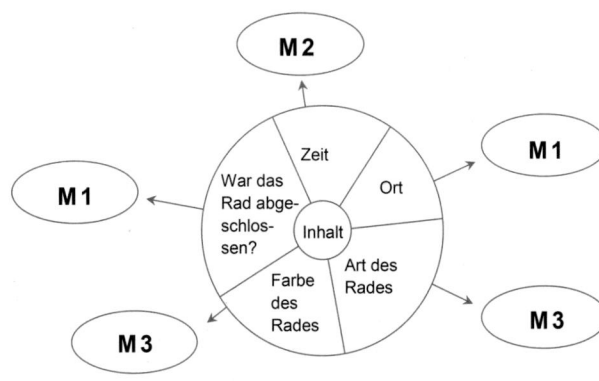

Seite 15
Finde die Fehler im Diagramm!

zu 1:

Fehler 1: Die 18 Personen, die mit Nein antworten, antworten falsch, denn sie haben mit ihrer Antwort an einer Umfrage teilgenommen.

Fehler 2: Die Summe ergibt mehr als 100 Prozent.

Fehler 3: Die Beschriftung der Balken entspricht nicht der Beschriftung der x-Achse.

Fehler 4: Die y-Achse ist nicht beschriftet, sodass man die Häufigkeit der jeweiligen Schätzungen nicht bestimmen kann.

Fehler 5: Das Diagramm hat keinen Titel. Man weiß daher nicht, worauf sich die Daten beziehen.

Seiten 18 und 19
Spaß mit Diagrammen

zu 1:
Regenwahrscheinlichkeit. Richtig sind:
- Immer regnet es, wenn ich Fahrrad fahre.
- Wenn ich arbeiten muss, haben wir fast nie schlechtes Wetter.
- Das Wetter ist unter der Woche wesentlich besser als am Wochenende.

Freude über Schnee. Richtig sind:
- Ich freue mich, wenn es zu schneien beginnt.
- Die Freude am Schnee nimmt schnell ab.
- Nach dem dritten Tag hat man keine Freude mehr am Schnee.

Wettergespräche. Richtig sind:
- Bei bis zu 19 °C beschweren sich viele, dass es ihnen zu kalt ist.
- Bei über 25 °C beschweren sich viele, dass es ihnen zu heiß ist.
- Bei 35 °C gibt es dieselben Beschwerden wie bei 26 °C.

Seite 34
Zusammenhängend schreiben III – Sätze verknüpfen

zu 1:
Einige Verknüpfungswörter können in verschiedener Weise verwendet werden:

aneinanderreihend: beziehungsweise, sowie, sowohl … als auch, weder … noch, und

entgegensetzend: aber, einerseits … andererseits, jedoch, sondern, trotzdem, während

einschränkend und einräumend: allerdings, dennoch, einerseits … andererseits, obgleich, obwohl, obzwar, trotzdem, wenn auch, wenngleich

begründend: da, dadurch, darum, denn, folglich, weil

zeitlich: als, anschließend, bevor, bis, ehe, nachdem, seit, seitdem, sobald, solange, sooft, vorher, während, währenddessen, wenn

alternativ, mehrere Möglichkeiten angebend: beziehungsweise, entweder … oder, oder

Ziel und Zweck verfolgend: dafür, dazu, damit, darum, um zu

eine Bedingung angebend: falls, sofern, sonst, wenn, wenn … dann